Negative Identifizierung anhand des Tippverhaltens bei Verwendung fester und freier Textbestandteile

Sebastian Erdenreich

Negative Identifizierung anhand des Tippverhaltens bei Verwendung fester und freier Textbestandteile

RESEARCH

Sebastian Erdenreich
Wolnzach, Deutschland

Dissertation der Wirtschaftswissenschaftlichen Fakultät der Universität Regensburg, 2012

ISBN 978-3-658-00966-3   ISBN 978-3-658-00967-0 (eBook)
DOI 10.1007/978-3-658-00967-0

Die Deutsche Nationalbibliothek verzeichnet diese Publikation in der Deutschen National-
bibliografie; detaillierte bibliografische Daten sind im Internet über http://dnb.d-nb.de
abrufbar.

Springer Vieweg

Springer Vieweg ist eine Marke von Springer DE. Springer DE ist Teil der Fachverlagsgruppe
Springer Science+Business Media
www.springer-vieweg.de

Danksagung

An dieser Stelle möchte ich allen danken, die zum Gelingen dieser Arbeit beigetragen haben:

- Meinem Erstkorrektor und Betreuer, Herrn Prof. Dr. Dieter Bartmann, für die zahlreichen Anregungen, kreativen Vorschläge und die Freiräume, die mir bei der Anfertigung gelassen wurden. Ebenso dankbar bin ich für die zahlreichen Erfahrungen, die mir für meinen weiteren Berufsweg sehr hilfreich sein werden.

- Herrn Prof. Dr. Peter Lory für die Bereitschaft, als zweiter Betreuer meine Doktorarbeit zu begleiten.

- Meinem ehemaligen Arbeitskollegen Dr. Markus Wagenhofer, der als Mathematiker wertvolle Anregungen gegeben hat, insbesondere für den theoretischen Teil der Arbeit.

- Frau Rosemarie Knipper für die Unterstützung bei verwaltungstech nischen Angelegenheiten.

- Ganz besonders danken möchte ich meinen Freunden und ehemaligen Kollegen, Andreas Beer und Johann Schenkl. Neben den zahllosen wertvollen Anregungen für die Erstellung und Korrektur dieser Arbeit, vor allem auch für die Unterstützung bei programmiertechnischen Herausforderungen. Ebenso dankbar bin ich für die stets gute Zusammenarbeit, bei der trotz zahlreicher Herausforderungen der Spaß nie auf der Strecke blieb.

- Meinen Eltern, Heidi und Johann Erdenreich, die mir während der Anfertigung dieser Arbeit stets den Rücken gestärkt haben.

Inhaltsverzeichnis

II   Entwicklung eines Freitextverfahrens   55

4   Grundideen für Freitextverfahren   57

5   Merkmalsextraktion   67

V Zusammenfassung und Ausblick 169

Abbildungsverzeichnis

Tabellenverzeichnis

1 Problemstellung, Ziele und Aufbau

1.1 Problemstellung

Im Umfeld des E-Commerce gibt es mittlerweile eine Vielzahl von Mechanismen bzw. technischen Maßnahmen, um Transaktionen abzusichern bzw. sich vor Betrug zu schützen [80, S. 165 ff]. Gemäß [63] werden auch biometrische Systeme in diesem Umfeld zunehmend eingesetzt. Als ein Hemmnis für eine rasche Verbreitung kann sicherlich die Tatsache genannt werden, dass biometrische Systeme stets einen Sensor benötigen [85] und daher die Wirtschaftlichkeit eingeschränkt ist. In diesem Zusammenhang bieten biometrische Verfahren, die das individuelle Tipppverhalten von Benutzern analysieren, einen entscheidenden Vorteil: Der Sensor ist in Form einer gewöhnlichen Tastatur vorhanden [6]. Dies lässt die Tippverhaltenserkennung im Umfeld des E-Commerce als besonders interessant erscheinen, da die Benutzer keine spezielle Hardware kaufen müssen [67, S. 134].

Für die Analyse des Tippverhaltens anhand von fest vorgegebenen Eingabetexten (Festtext) gibt es in der Literatur bereits Verfahren, die bei geringen Textmengen eine akzeptable Erkennungsleistung aufweisen, wie z. B. [3]. Die Tippverhaltenserkennung anhand beliebiger Eingabetexte (Freitext) bietet ein wesentlich breiteres Anwendungsspektrum und ist für eine Vielzahl von Einsatzszenarien geeignet. Die bisher in der Literatur publizierten Freitextverfahren haben den Nachteil, dass sie entweder sehr viel Text benötigen oder keine akzeptable Erkennungsleistung ermöglichen. Diese Feststellung lässt sich durch die detaillierte Literaturrecherche belegen, die in Abschnitt 3.4 dieser Arbeit aufgeführt wird. Es fehlt somit ein Freitextverfahren, das bei vergleichsweise geringen Textmengen eine hohe Erkennungsleistung ermöglicht.

Durch die Analyse des Tippverhaltens wäre es als konkreter Anwendungsfall denkbar, Mehrfachanmeldungen z. B. in einem Online-Shop zu erkennen. Bisher existieren weder für Fest- noch für Freitext detaillierte, publizierte Untersuchungen darüber, wie gut die Tippverhaltenserkennung zur negativen Identifizierung geeignet ist.

1.2 Ziele

Ziel dieser Arbeit ist es, die negative Identifizierung anhand des Tippverhaltens zu untersuchen, wobei der Fokus auf der Verwendung wenig umfangreicher Tippproben liegt. Hierzu soll das jeweils am besten geeignete Fest- und Freitextverfahren gefunden und detailliert ausgewertet werden.

Wie in Abschnitt 3.3 detailliert beschrieben, gibt es mit [3] ein passendes Festtextverfahren. In Abschnitt 3.4 wird festgestellt, dass kein geeignetes Freitextverfahren existiert, weshalb die Entwicklung eines solchen notwendig ist.

Zunächst wird daher ein Verfahren entwickelt, das das Tippverhalten anhand beliebiger Eingabetexte auswerten kann. Dabei soll besonders darauf geachtet werden, dass auch bei Verwendung von wenig umfangreichen Tippproben ein Höchstmaß an Trennschärfe zu erreichen ist. Dieses neue Freitextverfahren wird anschließend für die Verifizierung detailliert ausgewertet. Dabei soll aufgezeigt werden, inwiefern die Trennschärfe von verschiedenen Parametern abhängt. Zusätzlich soll analysiert werden, welche Trennschärfe das neue Freitextverfahren im Vergleich mit bekannten Verfahren aus der Literatur aufweist.

Neben der notwendigen Entwicklung des Freitextverfahrens soll die negative Identifizierung anhand von Fest- und Freitext eingehend untersucht werden. Hierbei soll aufgezeigt werden, welche Trennschärfe mit den beiden Textarten bzw. Verfahren jeweils erreicht werden kann. Insbesondere soll untersucht werden, wie sich verschiedene Einflussfaktoren auf die Trennschärfe auswirken. Neben dem direkten Vergleich zwischen Fest- und Freitextverfahren soll ebenfalls aufgezeigt werden, wie sich die beiden Verfahren gleichzeitig auswerten lassen.

1.3 Aufbau

Der Aufbau der vorliegenden Arbeit, der in Abbildung 1.1 skizziert ist, gliedert sich in fünf Teile. Im Folgenden soll ein Überblick über diese Teile gegeben werden. Im ersten Teil der Arbeit stehen die Grundlagen der Biometrie im Fokus. Zusätzlich erfolgt eine Beschreibung wichtiger Kennzahlen bzw. Eigenschaften, mit deren Hilfe ausgewählte Verfahren aus der Literatur verglichen werden können. Auf Basis der beschriebenen Kriterien wird ein geeignetes Festtextverfahren ausgewählt. Unter den betrachteten Freitextverfahren lässt sich kein für die Problemstellung geeignetes finden. Im zweiten Teil erfolgt die Entwicklung und Beschreibung des neuen, geeigneten Freitextverfahrens. Hierzu wird zunächst auf das methodische Grundproblem bei der Freitextanalyse eingegangen. Im Anschluss daran soll kurz skizziert werden, wodurch sich das neue Freitextverfahren von den meisten publizierten Verfahren unterscheidet. Ebenso wird hier erläutert, wie die Datensätze für die Entwicklung und Auswertungen gewonnen werden. Detailliert beschrieben wird insbesondere die Merkmalsextraktion sowie der Aufbau des neuen Verfahrens. Der dritte Teil beinhaltet eine ausführliche Auswertung des neuen Freitextverfahrens bei der Verifizierung. Die erzielbare Erkennungsleistung wird hier in Abhängigkeit von verschiedenen Parametern untersucht. Daran schließt sich eine Beschreibung des im Rahmen dieser Arbeit verwendeten Testdesigns an. Abschließend wird das entwickelte Verfahren hinsichtlich der Trennschärfe mit Verfahren aus der Literatur verglichen. Teil vier behandelt die negative Identifizierung mit

Fest- und Freitext. Hierfür wird zunächst auf die Unterschiede zur Verifizierung eingegangen sowie das Testdesign für die Auswertungen erläutert. Die Auswirkungen verschiedener Parameter auf die Trennschärfe werden für das Fest- und das Freitextverfahren eingehend untersucht. Zusätzlich wird die Trennschärfe der beiden Verfahren verglichen. Abschließend erfolgt eine Kombination von Fest- und Freitextverfahren sowie eine detaillierte Analyse der erreichbaren Trennschärfe. Im fünften Teil werden die erzielten Ergebnisse zusammengefasst und ein Ausblick auf denkbare Verbesserungen gegeben. Abschließend wird ein Fazit gezogen, indem die wichtigsten Ergebnisse mit der initialen Problemstellung verglichen werden.

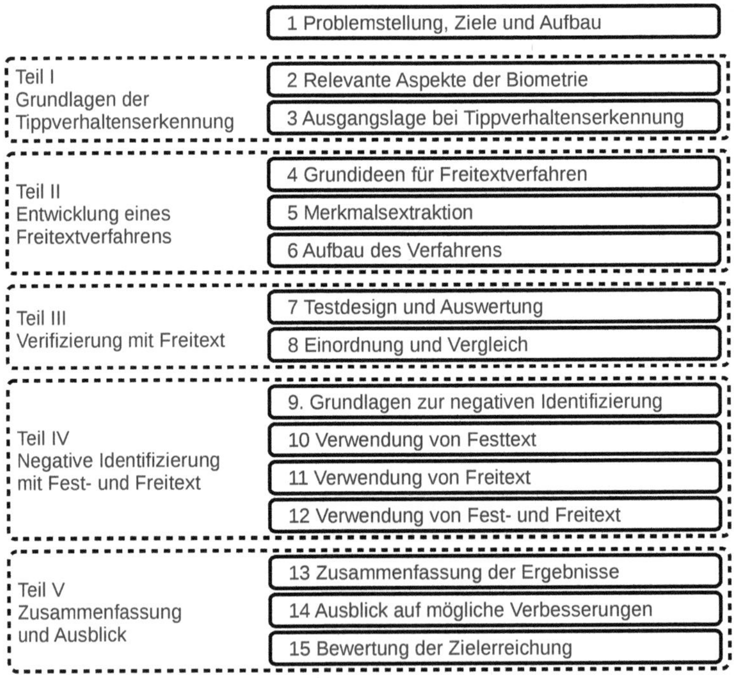

Abbildung 1.1: Aufbau der Arbeit

Teil I

Grundlagen der Tippverhaltenserkennung

2 Relevante Aspekte der Biometrie

2.1 Einteilung und Beispiele biometrischer Systeme

In diesem Abschnitt soll eine kurze Einordnung biometrischer Systeme erfolgen und ausgewählte Systeme kurz beschrieben werden. Prinzipiell gibt es drei unterschiedliche Arten der Authentifizierung: Diese kann auf Wissen, Besitz oder biometrischen Charakteristika basieren [56], [74].
Wissensbasierte Systeme sind solche, bei denen die Authentifizierung auf Basis eines Geheimnisses vorgenommen wird. Beispiele hierfür sind Passwörter oder PINs. Als Beispiele für besitzbasierende Systeme können Schlüssel, Chipkarten oder Token angeführt werden. Es sei an dieser Stelle erwähnt, dass auch Kombinationen der drei Authentifizierungsarten existieren [56]. Biometrische Charakteristika lassen sich in zwei Klassen einteilen, nämlich in physiologiebasierte und verhaltensbasierte Charakteristika [38, S. 3]. Bei den physiologiebasierten Systemen werden direkte Betrachtungen von Körperteilen wie Fingerabdruck, Gesicht oder Iris herangezogen [28]. Im Gegensatz hierzu werden bei verhaltensbasierten Systemen Daten ausgewertet, die aus einer Aktivität gewonnen werden [28]. Als Beispiele hierfür lassen sich die Stimme [67, S. 31 ff], die Unterschrift [67, S. 47 ff] oder das Tippverhalten [67, S. 73 ff] anführen. Im Folgenden sollen nun drei physiologiebasierte biometrische Charakteristika exemplarisch beschrieben werden.

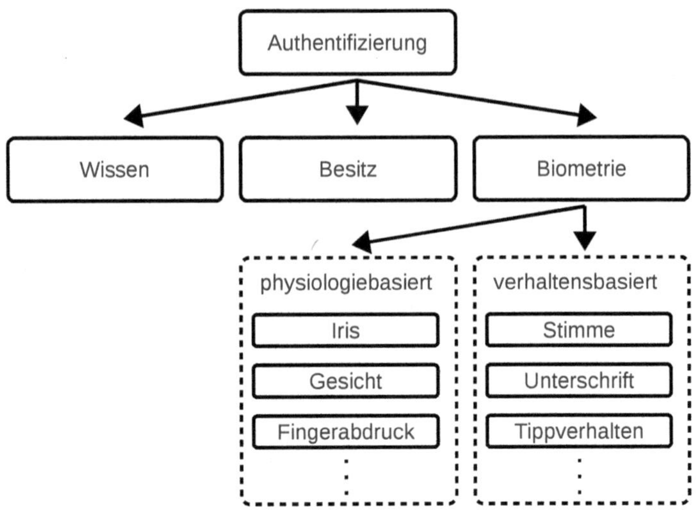

Abbildung 2.1: Arten der Authentifizierung nach [74]

- **Fingerabdruck:**
  Der Fingerabdruck ist das wahrscheinlich bekannteste biometrische
  Charakteristikum [52]. Bereits 1893 wurde von britischen Behörden
  anerkannt, dass zwei unterschiedliche Personen auch stets unterschiedliche Fingerabdrücke haben [52]. Die erreichbare Erkennungsleistung
  ist hierbei sehr hoch [78]. Sogar eineiige Zwillinge weisen differierende
  Fingerabdrücke auf [42]. Auch unterscheiden sich die Abdrücke der
  Finger einer bestimmten Person untereinander [43]. Fingerabdrücke
  werden durch die charakteristischen Kombinationen aus Erhöhungen
  und Vertiefungen unterschieden und sind für gewöhnlich lebenslang
  gleich [52].

- **Gesicht**:

  Bei der Gesichtserkennung wird die Geometrie des Gesichtes analysiert. Darunter fallen die Form und Lokalisation der Augen, Augenbrauen, Nase, Lippen und Kinn und deren räumliche Beziehungen [43]. Alternativ können nach selbiger Quelle Bilder von Gesichtern auch ganzheitlich abgeglichen werden, was hier jedoch nicht näher beschrieben werden soll. Eine alternative Unterscheidung lässt sich zwischen zwei- und dreidimensionaler Gesichtserkennung treffen [1]. Forschungen auf diesem Gebiet zeigen, dass Kombinationen aus zwei- und dreidimensionaler Gesichtserkennung besonders vielversprechende Erkennungsleistungen ermöglichen [1]. Ein Vorteil der Gesichtserkennung ist, dass auch gewöhnliche Kameras als Sensoren dienen können [78]. Jedoch hängt, gemäß der zuvor genannten Quelle, die erzielbare Erkennungleistung stark von der Qualität der aufgenommenen Bilder ab.

- **Iris**:

  Die Idee, die Iris als Grundlage für ein biometrisches System zu verwenden, ist bereits über 100 Jahre bekannt [11]. Im Jahr 1987 wurde ein Patent für ein automatisiertes System auf Basis der Iris erteilt [11]. Als Merkmale für die Iriserkennung dienen die Ringe, Rillen und Flecken im farbigen Gewebe, die die Pupille umgeben [78]. Vorteile solcher Systeme sind den Autoren der letztgenannten Quelle zufolge die hohe Erkennungsleistung sowie die zeitliche Konstanz der beobachteten Merkmale. Auch sind diese Merkmale für das linke und rechte Auge identisch. Bei der Iriserkennung ist es wichtig, dass der Benutzer kooperativ ist, um ein exaktes Bild der Iris gewinnen zu können [78]. Die hierbei geforderte Interaktion mit dem System kann gemäß der letztgenannten Quelle von den Benutzern als störend empfunden werden.

Als Vertreter verhaltensbasierter biometrischer Charakteristika sollen nachfolgend drei Repräsentanten kurz erläutert werden:

- **Stimme:**
  Als Merkmal wird bei der Stimmerkennung, vereinfacht dargestellt, das Amplitudenspektrum ausgewertet, um Rückschlüsse auf die anatomischen Eigenheiten des Benutzers zu ermöglichen [87]. Die Stimme als Grundlage für ein biometrisches System hat den großen Vorteil, dass Benutzer mit derartigen Verfahren bereits vertraut sind [66]. Erhält man beispielsweise einen Telefonanruf, ist man meist schon nach wenigen Worten in der Lage, die anrufende Person korrekt zu identifizieren [66]. Ein weiterer Vorteil bei der Stimmerkennung ist gemäß der zuletzt genannten Quelle, dass bei Verwendung von Telefonen keine spezielle Hardware benötigt wird. Daher ergeben sich sehr viele Anwendungsmöglichkeiten. Nachteilig wirkt es sich aus, wenn die technischen Rahmenbedingungen bei Enrolment und der Verifizierung abweichen, z. B. durch ein anderes Telefon oder einen alternativen Übertragungskanal [66]. Die Stimmerkennung enthält nach [41] auch einen physiologiebasierten Anteil.

- **Unterschrift:**
  Die Unterschrift hat eine lange Tradition bei der Bestätigung von Dokumenten und Transaktionen [66]. Man unterscheidet nach [59] zwischen „off-line" und „on-line" Erkennung. Unter der Erstgenannten versteht man dem Autor zufolge das Auswerten einer statischen, graphisch festgehaltenen Unterschrift. Bei der zweitgenannten Möglichkeit wird bei der Erzeugung der Unterschrift die Trajektorie oder Dynamik des Stiftes aufgezeichnet. Unterschriften verändern sich im Laufe der Zeit und werden durch emotionale und physische Faktoren beeinflusst [43].

- **Tippverhalten**:
  Bereits 1897 gab es erste Untersuchungen von Bryan und Harter, Telegraphisten am individuellen Rhythmus zu unterscheiden [14]. Eine Übertragung dieser Überlegungen auf das Tippverhalten wurde 1975 von Spillane vorgenommen [79]. Das erste Patent für ein Verfahren zur Analyse des Tippverhaltens wurde Garcia im Jahr 1986 erteilt [29]. Seitdem haben sich zahlreiche Veröffentlichungen mit dieser Thematik befasst. Als grundlegende Merkmale für die Tippverhaltenserkennung dienen meistens die Halte- und Übergangsdauern der getippten Tasten [30]. Zusätzlich werden gelegentlich auch die mittlere Tippgeschwindigkeit, die Häufigkeit von Tippfehlern, die Verwendung des Ziffernblockes und die Verwendung der Umschalttaste herangezogen [35]. Die Analyse der Kräfte beim Betätigen der Tasten erfordert dem Autor zufolge eine spezielle Tastatur. In [6] wird erwähnt, dass die prinzipielle Herausforderung darin besteht, einerseits die natürlichen Schwankungen im Tippverhalten eines Benutzers zu tolerieren und andererseits Angriffsversuche mit hoher Wahrscheinlichkeit abzuweisen. Einer der größten Vorteile der Tippverhaltenserkennung ist die Tatsache, dass als Sensor eine gewöhnliche Tastatur dienen kann [6]. Als Nachteile können die Abhängigkeit von einer konkreten Tastatur oder auch die mögliche Veränderung des Tippverhaltens im Laufe der Zeit genannt werden [50].

Die hier vorgestellten biometrischen Charakteristika sollen als Beispiele für die zahlreichen unterschiedlichen Alternativen stehen. Es gibt auch die Möglichkeit, mehrere biometrische Verfahren miteinander zu kombinieren [68]. Die Tippverhaltenserkennung wird in Kapitel 3 noch weit detaillierter betrachtet werden.

2.2 Aufbau eines biometrischen Systems

Obwohl es stark unterschiedliche und zahlreiche biometrische Charakteristika gibt, kann dennoch ein allgemein gültiger Aufbau eines biometrischen Systems beschrieben werden. Im Folgenden wird der allgemeine Aufbau in Anlehnung an [54], [85] und insbesondere [52] dargestellt. Demzufolge besteht ein biometrisches System aus insgesamt fünf Teilsystemen, die nachfolgend detailliert beschrieben werden.

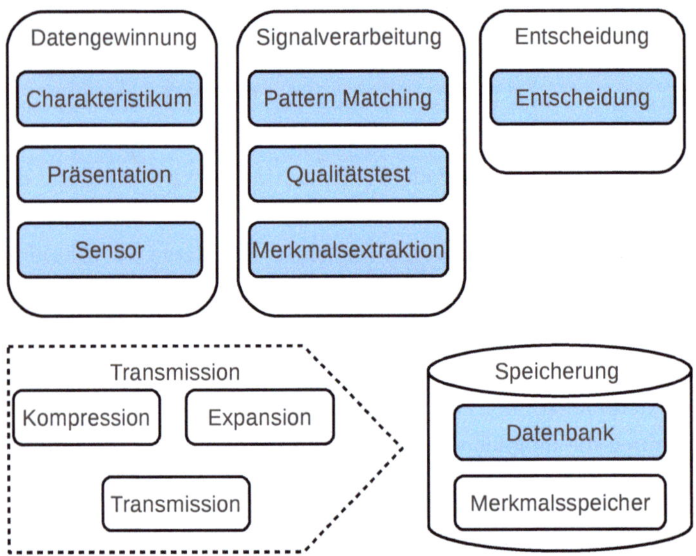

Abbildung 2.2: Aufbau eines biometrischen Systems, Abbildung in Anlehnung an [52]. Zwingend erforderliche Komponenten sind mit blauer Farbe unterlegt.

Datengewinnung

Dieses Teilsystem ist dafür verantwortlich, das biometrische Merkmal zu erfassen [52]. Das biometrische Charakteristikum wird hierfür dem Sensor präsentiert. Die Ausgabe des Sensors, die als biometrisches Sample bezeichnet wird [12], ist allgemein von drei Faktoren abhängig: naheliegenderweise vom biometrischen Charakteristikum, von der Art und Weise, wie dieses präsentiert wird und von der technischen Realisierung des Sensors [85]. Es wird in der letztgenannten Quelle auch explizit erwähnt, dass dadurch auch physiologiebasierte Systeme einen verhaltensbasierten Aspekt beinhalten. Sowohl die Kooperationsbereitschaft des Benutzers als auch das Umfeld bei der Datengewinnung müssen bei der konkreten Ausgestaltung eines biometrischen Systems berücksichtigt werden [52]. Dies ist gemäß letztgenannter Quelle notwendig, um möglichst viele störende Einflussfaktoren auf die Datengewinnung ausschließen oder minimieren zu können.

Transmission

Bei einigen biometrischen Systemen erfolgt die Datengewinnung und die Speicherung bzw. Signalverarbeitung örtlich getrennt [52]. Für solche Systeme ist das Teilsystem Transmission unverzichtbar [52]. Sind zudem die zu übertragenden Datenmengen sehr umfangreich, so wird auch eine Komprimierung vor der Übertragung und eine Expansion danach notwendig [85]. Da diese beiden Teilaspekte in Abbildung 2.2 nicht zwingend nötig sind, wurden sie nicht blau unterlegt. Allgemein ist jede Kombination von Datenkompression und -expansion mit Qualitätsverlust verbunden, wobei die Stärke des Verlustes mit der Kompressionsrate ansteigt [85]. Die technische Umsetzung hängt gemäß der zuletzt genannten Quelle dabei von der konkreten Art des Signals ab.

Signalverarbeitung

Dieses Teilsystem wandelt das biometrische Sample oder gegebenenfalls das rekonstruierte biometrische Sample nach Kompression und Expansion in biometrische Merkmale[1] um [52]. Diese biometrischen Merkmale sollten möglichst viel an Information beinhalten, die für die Unterscheidung von Individuen verwendet werden kann, wobei gleichzeitig redundante Information entfernt werden soll [52]. Aufgabe der Merkmalsextraktion ist es demzufolge, einen Merkmalsvektor zu erstellen, der eine kompakte Aufbereitung der biometrischen Samples darstellt und mithilfe des passenden Pattern Matchings verarbeitet werden kann. Meistens wird nach der Merkmalsextraktion ein Qualitätstest durchgeführt, bei dem überprüft wird, ob das vom Teilsystem Datengewinnung erhaltene biometrische Sample von hinreichender Qualität ist [85]. Es gibt aber auch Systeme, in denen der Qualitätstest vor der Merkmalsextraktion stattfindet. Sollte das biometrische Sample von unzureichender Qualität sein, kann der Benutzer aufgefordert werden, sein Charakteristikum nochmals dem Sensor zu präsentieren [85]. Das Pattern Matching vergleicht den aktuellen Merkmalsvektor mit einem oder mehreren anderen gespeicherten Templates[2] [85]. Die Anzahl der Templates, mit denen verglichen werden soll, hängt dabei vom konkreten Einsatzzweck des biometrischen Systems ab [85]. Ein Template kann im einfachsten Fall aus lediglich einem Merkmalsvektor bestehen. Allgemein können Templates auch komplexere mathematische Objekte sein, die von anderer Art sind als der Merkmalsvektor [85]. Als Ergebnis des Abgleichs zwischen Merkmalsvektor und Template erhält man einen numerischen Wert. Dieser gibt an, wie ähnlich sich Merkmalsvektor und das entsprechende Template sind [52]. Es gibt auch Systeme, bei denen anstelle eines Abstandsmaßes ein Ähnlichkeitsmaß verwendet wird [85]. Die Merk-

---

[1]Im Rahmen dieser Arbeit wird hierfür die Definition nach [12] verwendet. Gleichbedeutend hierzu wird ebenfalls auch der Begriff „(biometrischer) Merkmalsvektor" verwendet.

[2]Unter einem (biometrischen) Template wird im Rahmen dieser Arbeit „ein Sonderfall einer biometrischen Referenz, bei dem biometrische Merkmale zum Zwecke des Vergleichs abgespeichert wurden" [12], verstanden.

malsextraktion bildet zusammen mit dem Pattern Matching den Kern jedes biometrischen Systems [52]. Das Teilsystem Signalverarbeitung wird mit dem Ziel konzipiert, möglichst geringe Abstände zwischen Merkmalsvektoren und Templates gleicher Individuen zu erhalten. Gleichzeitig sollen die Abstände zwischen Merkmalsvektoren und Templates unterschiedlicher Individuen möglichst groß ausfallen [85]. Der Abstand zwischen Merkmalsvektoren und Template desselben Individuums wird in den meisten Fällen von Null verschieden sein. Dies ist durch biometrische, präsentationsbedingte, sensorbezogene und transmissionsbezogene Schwankungen zu erklären [85].

Speicherung

Das Teilsystem Speicherung beinhaltet die Templates aller Benutzer, die sich bereits enrolt haben. Dabei kann diese Datenbank zentral oder verteilt realisiert werden [52]. Eine zentrale Realisierung ist dann notwendig, wenn 1:N Abgleiche mit dem System vorgenommen werden sollen, was bei der Identifizierung gegeben ist. Bei einem Einsatz des Systems, bei dem ausschließlich 1:1 Abgleiche durchgeführt werden sollen, können die Templates beispielsweise auch auf Smartcards verteilt werden, die jeder enrolte Benutzer mit sich führt [85]. Dies ist bei der Verifizierung der Fall. Im Allgemeinen lassen sich aus einem Template nicht mehr die zugrunde liegenden biometrischen Samples rekonstruieren, aus denen es einst berechnet wurde [85]. Es kann daher sinnvoll sein, die Samples, gegebenenfalls auch in komprimierter Form, parallel im sogenannten Merkmalsspeicher zu hinterlegen. Sollten Änderungen im System vorgenommen werden, müssen auch die Templates neu errechnet werden, da die konkrete Ausgestaltung der Templates von der Merkmalsextraktion abhängig ist [85]. Nach einer derartigen Überarbeitung können die passenden Templates mithilfe der Daten aus dem Merkmalsspeicher errechnet werden. Somit ist es nicht notwendig, nochmals biometrische Samples von allen enrolten Benutzern zu sammeln [85].

Entscheidung

Das Teilsystem Entscheidung beinhaltet die Systemstrategie. Diese legt die Auswahl der Templates aus der Datenbank fest, mit denen der aktuelle Merkmalsvektor beim Pattern Matching verglichen wird [85]. Als Ausgangspunkt für das Teilsystem Entscheidung dienen die numerischen Werte, die sich aus den Vergleichen des Merkmalsvektors mit den gespeicherten Templates ergeben [52]. Diese Werte aus den einzelnen Abgleichen resultieren aus einem Ähnlichkeits- oder Abstandsmaß [85]. Eine umfassende Betrachtung dieser beiden Maße findet sich in [46, S. 440 ff]. Auf Basis dieser Werte wird mithilfe der Systemstrategie eine finale „akzeptieren" oder „abweisen" Entscheidung getroffen [85].

2.3 Darstellung des Enrolments

Beim sogenannten Enrolment werden für einen bestimmten Benutzer geeignete biometrische Merkmale gewonnen, ein Template berechnet und in der Datenbank hinterlegt [13]. Der nachfolgend beschriebene Prozess des Enrolments ist in Abbildung 2.3 skizziert. Hierbei sind Schritte, die zwingend erforderlich sind, mit kontinuierlichen Pfeilen dargestellt. Optionale sind mit gestrichelten Pfeilen visualisiert.

Zuerst präsentiert der Benutzer hierfür dem Sensor sein biometrisches Charakteristikum [40]. Als Ergebnis liefert das Teilsystem Datengewinnung ein sogenanntes biometrisches Sample, das nun über die Transmission an das Teilsystem Signalverarbeitung übergeben wird (gegebenenfalls als rekonstruiertes Sample) [85]. Wie bereits in Abschnitt 2.2 erwähnt, ist das Teilsystem Transmission nicht für alle biometrischen Systeme erforderlich. Auch ist es möglich, dass eine Transmission stattfindet, in der keine Kompression und anschließende Expansion erfolgt [85]. Bei der Transmission kann das Sample zusätzlich in den Merkmalsspeicher abgelegt werden, wahlweise als komprimiertes oder unkomprimiertes Sample [85].

Nach der Merkmalsextraktion wird die Qualität des abgegebenen Samples beurteilt [52], wobei es auch möglich ist, die Qualitätskontrolle vor der Merkmalsextraktion durchzuführen [40], [85]. Im Rahmen dieses Abschnittes wird davon ausgegangen, dass die Qualitätskontrolle nach der Merkmalsextraktion erfolgt, siehe hierzu auch Abbildung 2.3. Sollte die Qualität als zu gering eingestuft werden, so ist es sinnvoll, den Benutzer zu einer wiederholten Abgabe eines Samples aufzufordern [85]. Das Enrolment beginnt in diesem Fall wieder am Anfang des oben beschriebenen Prozesses. Bei ausreichender Qualität wird aus den biometrischen Merkmalen ein Template berechnet und in der Datenbank abgelegt. Hierbei wird das Template mit einer Identität verknüpft [40], [85].

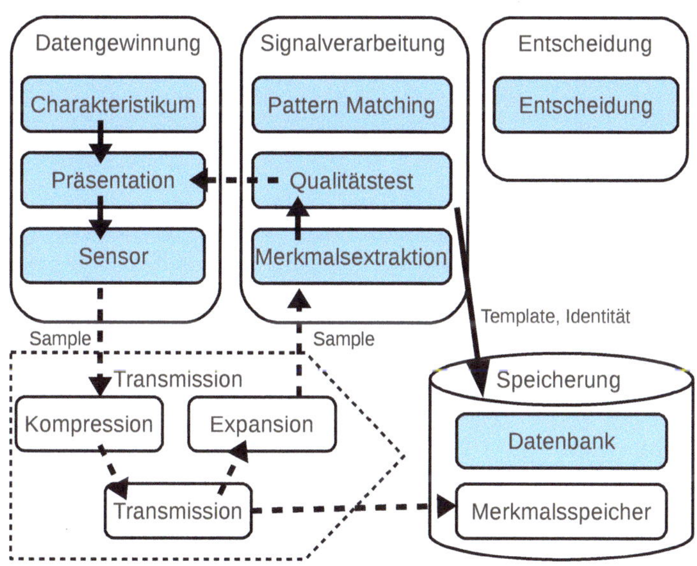

Abbildung 2.3: Ablauf des Enrolments, Abbildung in Anlehnung an [52]

Beim Enrolment kann es jedoch auch notwendig sein, dass der Benutzer mehr als nur ein qualitativ ausreichendes Sample abgibt. Als Beispiel hierfür kann das im Rahmen dieser Arbeit entwickelte Verfahren gesehen werden, bei dem der Benutzer bis zu 15 biometrische Samples in Form von Tippproben abgeben muss, was in Abschnitt 7.2 eingehend erläutert wird.

2.4 Darstellung unterschiedlicher Betriebsmodi

Wie im vorhergehenden Abschnitt 2.3 erwähnt, gibt es verschiedene Einsatzzwecke eines biometrischen Systems und daraus resultierend unterschiedliche Betriebsmodi. Hierbei kann man prinzipiell zwischen der Verifizierung und der Identifizierung unterscheiden [56], [64]. Die Definitionen in diesem Abschnitt folgen [54], die einzelnen Schritte im Aufbau des Systems sind an [40] angelehnt.

2.4.1 Verifizierung

Es soll zunächst die sogenannte (biometrische) Verifizierung skizziert und deren Ablauf im System beschrieben werden, siehe Abbildung 2.4. Bei der Verifizierung stellt der Benutzer die Behauptung auf, dass er einer konkreten Identität I entspricht [40]. Es ist somit klar, dass der Benutzer bei der Transaktion neben dem biometrischen Sample auch die behauptete Identität (z. B. in Form eines Benutzernamens) angeben muss. Mithilfe der angegebenen Identität kann das entsprechende Template aus der Datenbank geladen werden. Eine Verifizierung beinhaltet daher immer einen 1:1 Abgleich [54, S. 4]. Das Teilsystem Datengewinnung extrahiert wieder ein biometrisches Sample, welches über die (optionale) Transmission an die Signalverarbeitung geleitet wird [52]. Nach der Merkmalsextraktion wird die Qualität des Samples überprüft. Sollte diese zu gering sein, ist es sinnvoll, eine nochmalige Präsentation des biometrischen Merkmals vom Benutzer zu fordern [85]. Wenn die Qualität ausreichend ist, so wird der gewonnene Merkmalsvektor an das Pattern Matching übergeben. Dort wird ein

Abgleich zwischen Merkmalsvektor und dem Template, das mit der vom Benutzer behaupteten Identität assoziiert ist, durchgeführt [40].

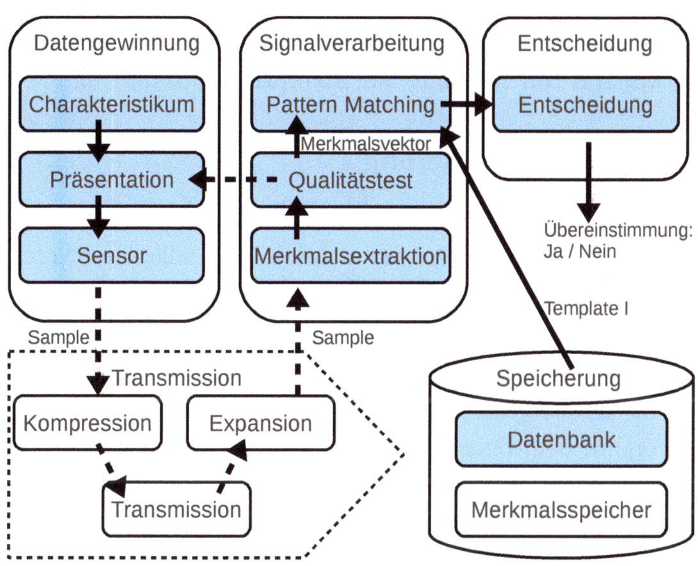

Abbildung 2.4: Ablauf der Verifizierung, Abbildung in Anlehnung an [52]

Sollte zu dieser Identität kein Template in der Datenbank existieren, so ist es zumeist sinnvoll, den Verifizierungsversuch abzuweisen. Als Ergebnis des Abgleichs erhält man einen numerischen Wert, der die Ähnlichkeit (oder auch Abstand) zwischen Merkmalsvektor und Template angibt [85]. Dieser Wert wird nun im Teilsystem Entscheidung ausgewertet. Typischerweise wird bei der Verifizierung der numerische Wert mit einem extern vorgegebenen Schwellwert (engl. Threshold) verglichen. Der Schwellwert ist eine Art minimale Ähnlichkeit, die zwischen einem Template und einem Merkmalsvektor herrschen sollte, damit man mit einer gewissen Sicherheit davon ausgehen kann, dass beide von demselben Individuum abgegeben wurden [40]. Ist der numerische Wert des Abgleichs größer oder gleich dem Schwellwert, so wird der Verifizierungsversuch als erfolgreich angesehen. Andernfalls wird der Versuch abgewiesen. Eine sehr ähnliche Logik wird bei Verwendung von Abstandsmaßen anstelle von Ähnlichkeitsmaßen verwendet, wobei in diesem Fall der Schwellwert eine obere Grenze für den erlaubten Abstand von Template und Merkmalsvektor darstellt.

2.4.2 Positive Identifizierung

Im Unterschied zur Verifizierung wird bei der Identifizierung ein 1:N Abgleich zwischen Merkmalsvektor und mehreren bzw. allen Templates in der Datenbank durchgeführt [44], [54, S. 4]. Im Gegensatz hierzu erfolgt bei der Verifizierung, wie bereits zuvor erwähnt, stets ein 1:1 Abgleich. Bei der Identifizierung werden im Folgenden zwei Strategien unterschieden, die positive und die negative Identifizierung. Positiv bedeutet hierbei, dass der Benutzer vorgibt, dem biometrischen System bekannt bzw. enrolt zu sein [54, S. 4]. Gemäß der zuletzt genannten Quelle bedeutet negativ, dass der Benutzer angibt, dem System unbekannt bzw. noch nicht enrolt zu sein. Der prinzipielle Ablauf einer positiven oder negativen Identifizierung ist in Abbildung 2.5 skizziert.

Es soll zunächst auf die positive Identifizierung eingegangen werden. Bei dieser Strategie stellt der Benutzer keine Behauptung auf, dass er einer konkreten Identität in der Datenbank entspricht, jedoch dem System bekannt bzw. enrolt zu sein. Dies wird auch als implizite positive Behauptung bezeichnet [54, S. 4]. Im Gegensatz zur Verifizierung kann auch die Auswahl der konkreten Identität über das abgegebene Sample erfolgen [44]. Der Ablauf der positiven Identifizierung folgt in den meisten Schritten dem Ablauf der Verifizierung [40], daher soll nur noch auf die Unterschiede eingegangen werden, welche sich beim Pattern Matching bemerkbar machen. Der Merkmalsvektor wird im Pattern Matching nicht mit einem, sondern mit mehreren oder allen Templates in der Datenbank abgeglichen [44]. Für jeden einzelnen Abgleich erhält man einen numerischen Wert [85].

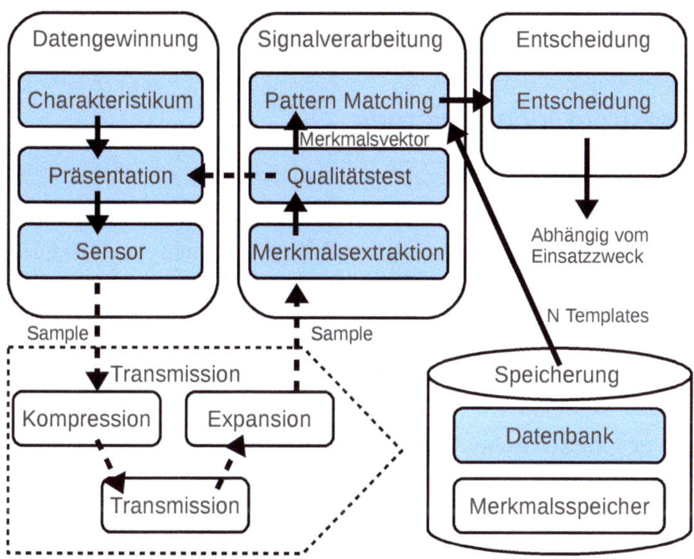

Abbildung 2.5: Ablauf der Identifizierung, Abbildung in Anlehnung an [52]

Diese Menge an Werten wird nun dem Teilsystem Entscheidung übergeben
[40]. Im Gegensatz zur Verifizierung ist der Umgang mit diesen Werten bei
der (positiven) Identifizierung wesentlich komplexer und vom gewünschten
Einsatzzweck abhängig [12]. In einem sehr einfachen Fall wird als Ergebnis der Identifizierung die Identität des Templates zurückgegeben, mit der
der Merkmalsvektor die höchste Ähnlichkeit hat. Dies kann beispielsweise angewendet werden, um zu einem Sample die Identität zu finden, mit
der es am ehesten übereinstimmt. Ein anderes Beispiel wäre eine einfache
Zugangskontrolle, bei der die korrekte Erkennung der Identität der Person
nicht wichtig ist. Das folgende Beispiel ist aus [12] entnommen. Hierbei sind
alle Personen mit Zugangsberechtigung enrolt und deren Templates in der
Datenbank präsent. In diesem Fall werden alle Ähnlichkeitswerte mit einem
Schwellwert verglichen. Liegt einer der Ähnlichkeitswerte darüber, so geht

man davon aus, dass die Person einer Identität in der Datenbank entspricht und gewährt dieser Zugang.

2.4.3 Negative Identifizierung

Der Benutzer stellt bei der negativen Identifizierung die Behauptung auf, dass er dem System noch nicht bekannt ist bzw. nicht enrolt ist [54, S. 4]. Anders als bei der positiven Identifizierung möchte ein Benutzer bei der negativen Identifizierung daher nicht erkannt werden [12]. Dies sind die bedeutenden Unterschiede zwischen positiver und negativer Identifizierung, die sich rein methodisch sehr ähnlich sind. Der Ablauf der negativen Identifizierung entspricht in fast allen Schritten dem der positiven Identifizierung. Der schematische Ablauf der positiven und negativen Identifizierung ist in Abbildung 2.5 dargestellt. Genau wie bei der positiven muss auch bei der negativen Identifizierung je nach Anwendungsfall das Teilsystem Entscheidung angepasst sein, d. h. die Auswertung der N Ähnlichkeits- oder Abstandswerte konkret definiert werden. In einem einfachen Beispiel kann man sich einen Online-Shop vorstellen, der besondere Vergünstigungen oder Geschenke für Neukunden gewährt. Um Mehrfachanmeldungen derselben Person (unter unterschiedlichen Identitäten) zu unterbinden, kann man die Tippverhaltenserkennung einsetzen [7]. Hierbei vergleicht man im Teilsystem Entscheidung alle N Ähnlichkeitswerte mit einem Schwellwert. Sollten ein oder mehrere Ähnlichkeitswerte über bzw. Abstandswerte unter dem Schwellwert liegen, so wird von einer Mehrfachanmeldung ausgegangen. Die Aufgabe des Teilsystems Entscheidung ist in diesem konkreten Fall, eine Ja/Nein Entscheidung zu treffen, ob es sich bei der vorliegenden Anmeldung um eine Mehrfachanmeldung eines bereits enrolten Benutzers handelt. Für die Kriminalistik ist es hingegen wichtig zu erfahren, welche konkrete Identität zu einem gefundenen Fingerabdruck passt. Eine einfache Ja/Nein Entscheidung, ob der Benutzer in der Datenbank enrolt ist oder nicht, ist hierbei nicht sinnvoll. Vielmehr benötigt man in diesem Fall die konkrete Identität.

2.5 Qualitätskriterien biometrischer Systeme

2.5.1 Wichtige Qualitätskriterien im Überblick

Es gibt viele unterschiedliche biometrische Charakteristika, die als Basis für ein biometrisches System verwendet werden können. Daher ist es wichtig, Kriterien zu definieren, um die Qualität oder Eignung eines biometrischen Charakteristikums bzw. des darauf aufbauenden biometrischen Systems beschreiben zu können. Einige dieser Qualitätskriterien stehen mit der konkreten Systemausgestaltung in Verbindung und können nicht isoliert betrachtet werden. Grundsätzlich hat jedes biometrische System seine spezifischen Vor- und Nachteile, weshalb sich für jedes spezielle Anwendungsfälle ergeben. Keines wird den Anforderungen aller Anwendungsfälle gleichzeitig gerecht werden können [65]. Die nachfolgend erläuterten sieben Qualitätskriterien werden häufig in der Literatur angeführt und lassen sich unter anderem in [20], [40], [44] und [88] finden. Diese sieben Kriterien werden auch verwendet, um verschiedene biometrische Systeme miteinander vergleichen zu können [39], [65]. Bei den nachfolgend aufgelisteten Kriterien beziehen sich die ersten vier auf das biometrische Charakteristikum selbst [60, S. 400 f], die letzten drei auf die konkrete Ausgestaltung des jeweiligen Systems [40]. Neben den hier vorgestellten sieben Kriterien werden gelegentlich weitere mit Bezug auf die Systemausgestaltung angegeben wie z. B. Skalierbarkeit oder Kosten [61].

Universalität

Jede Person sollte über das biometrische Charakteristikum verfügen [44]. Andernfalls ist die Nutzung des entsprechenden Systems für die betreffenden Benutzer nicht möglich.

Einzigartigkeit

Zwei verschiedene Personen sollten über gut differenzierbare Ausprägungen des biometrischen Charakteristikums verfügen [40]. Dies ist notwendig, um Personen zuverlässig unterscheiden zu können.

Permanenz

Es ist wichtig, dass das biometrische Charakteristikum auch über einen längeren Zeitraum möglichst konstant bleibt [44]. Andernfalls kann es sein, dass nach einem länger zurückliegenden Enrolment der jeweilige Benutzer fälschlicherweise nicht mehr erkannt wird.

Erfassbarkeit

Die Erfassbarkeit gibt an, inwieweit das biometrische Charakteristikum quantitativ erfasst werden kann [40]. Bei einigen biometrischen Systemen ist die Erfassung sogar ohne Kenntnis bzw. aktive Mitwirkung der jeweiligen Person möglich (z. B. bei der Gesichtserkennung [44]).

Performanz

In diesem Kriterium sind mehrere wichtige Aspekte vereint. Einerseits beinhaltet es die mit dem jeweiligen System erzielbare Trennschärfe und Erkennungsgeschwindigkeit [44]. Andererseits werden hierunter auch der Ressourcenverbrauch sowie die Faktoren, die die Trennschärfe und Erkennungsgeschwindigkeit beeinflussen, verstanden [44].

Akzeptanz

Dieses Kriterium gibt an, inwieweit das jeweilige System von den Benutzern akzeptiert wird [40]. Die Gesichtserkennung z. B. zeichnet sich durch eine hohe Akzeptanz aus [41]. Im Gegensatz dazu wird die Iriserkennung gelegentlich als störend empfunden [78]. Neben der notwendigen Interaktion mit einem Sensor ist das Vertrauen des Benutzers in die Technik und auch den Betreiber als entscheidend für die Akzeptanz eines Systems zu nennen [12].

Überwindbarkeit

Die Überwindbarkeit beschreibt, wie einfach ein System mit Betrugsversuchen umgangen werden kann [40]. Dabei gibt es verschiedene Ansatzpunkte, ein biometrisches System zu überwinden. Eine gute Übersicht über diese Möglichkeiten findet sich in [41].

2.5.2 Wichtige Qualitätskennzahlen

Für einige der vorher aufgelisteten Qualitätskriterien lassen sich auch Zahlenwerte angeben. Dies ist insbesondere für die Performanz möglich, wobei vor allem auf Kennzahlen für die Trennschärfe eingegangen werden soll. Die nachfolgenden Definitionen sind [54, S. 5 f] entnommen.

FTA

Unter der „failure to acquire" Rate versteht man den zu erwartenden Anteil an Transaktionen, bei denen das System nicht in der Lage ist, biometrische Merkmale mit hinreichender Qualität zu extrahieren [54, S. 6]. Die FTA hängt somit häufig von einstellbaren Parametern ab, die die minimal notwendige Qualität festlegen [54, S. 6].

FTE

Die „failure to enrol" Rate ist der erwartete Anteil an Benutzern, bei denen das System keine brauchbaren Templates erzeugen kann [54, S. 6]. Dies beinhaltet gemäß der zuletzt genannten Quelle den Fall, dass manche Personen das biometrische Charakteristikum nicht präsentieren können, ebenso wie die Möglichkeit, dass manche Benutzer keine biometrischen Merkmale von hinreichender Qualität beim Enrolment erzeugen können. Auch kann es sein, dass manche Benutzer nach der Erstellung des zugehörigen Templates nicht mehr zuverlässig erkannt werden, wenn diese versuchen, das Enrolment als brauchbar zu bestätigen [54, S. 6]. Die FTE ist immer auch von den Vorgaben beim Enrolment abhängig [54, S. 6]. Beispielsweise kann man einem Benutzer nach einem fehlgeschlagenen Enrolment einen weiteren Versuch zu einem späteren Zeitpunkt einräumen [54, S. 6]. Durch diese weitere Möglichkeit zum Enrolment nimmt die FTE ab.

FAR

Die „false accept rate" gibt bei einem positiven System den zu erwartenden Anteil der Transaktionen an, bei dem der Benutzer eine falsche Identität vorgibt und diese fälschlicherweise bestätigt wird [54, S. 5]. Bei einem negativen System gibt sie gemäß der zuletzt genannten Quelle den Anteil der Transaktionen an, bei denen der Benutzer fälschlicherweise vorgibt, bestimmten Identitäten nicht zu entsprechen, und diese Behauptung fäschlicherweise bestätigt wird. Eine „Akzeptanz" bezieht sich stets auf die vom Benutzer aufgestellte Behauptung [54, S. 5].

FRR

Unter der „false reject rate" versteht man den zu erwartenden Anteil an Transaktionen bei einem positiven System, bei denen der Benutzer eine korrekte Identität vorgibt, dies jedoch fälschlicherweise vom System abgelehnt wird [54, S. 5]. Bei einem negativen System gibt sie nach selbiger Quelle den Anteil der Transaktionen an, bei denen der Benutzer korrekterweise vorgibt, bestimmten Identitäten nicht zu entsprechen, und diese Behauptung fäschlicherweise abgelehnt wird. In Analogie zur FAR ist auch eine „Rückweisung" in Bezug zu der vom Benutzer aufgestellten Behauptung zu sehen [54, S. 5].

FMR

Die „false match rate" gibt die erwartete Wahrscheinlichkeit an, dass ein Sample fälschlicherweise als passend zu einem zufällig gewählten Template angenommen wird [54, S. 5]. Template und Sample stammen hierbei von genetisch unterschiedlichen Benutzern [54, S. 5].

FNMR

Die „false non match rate" gibt die erwartete Wahrscheinlichkeit an, dass ein Sample fälschlicherweise als nicht passend zu einem Template angenommen wird [54, S. 5]. Template und Sample stammen hierbei von demselben Benutzer [54, S. 5].

EER

Unter der „equal error rate" versteht man den Wert, bei dem die FMR gleich der FNMR ist [10]. Eine analoge Definition ist auch für FAR gleich FRR möglich. Die EER wird häufig als Vergleichskriterium zwischen verschiedenen Systemen verwendet. Dies ist jedoch nicht immer aussagekräftig, da biometrische Systeme sehr häufig nicht im Bereich der EER betrieben werden [10]. Ein gutes Beispiel hierfür findet sich in Unterabschnitt 2.5.3.

Unterschied: FAR und FRR zu FMR und FNMR

Mithilfe der oben beschriebenen Fehlerraten kann insbesondere die Trennschärfe geeignet quantifiziert werden. Dabei kann man entweder auf die Angabe von FAR und FRR oder die Angabe von FMR und FNMR zurückgreifen. Ein wesentlicher Unterschied zwischen den sogenannten „decision error rates" (FAR und FRR) und den „matching error rates" (FMR und FNMR) ist, dass die erstgenannten die FTA beinhalten [54, S. 5]. Bei der Bestimmung der matching error rates werden hingegen nur noch Samples verwendet, die über die geforderte Qualität verfügen. Genau genommen beziehen sich die decision error rates auf die Akzeptanz oder die Ablehnung einer positiven oder negativen Hypothese [54, S. 5]. Die matching error rates beziehen sich im Gegensatz hierzu auf einen konkreten Abgleich zwischen einem Template und einem Sample. Die Definitionen und Unterscheidung der Fehlerraten wurden aus [54, S. 5 f] übernommen.

2.5.3 ROC und DET Kurve

Die Trennschärfe eines biometrischen Systems lässt sich mithilfe einer sogenannten „receiver operating characteristic" Kurve (ROC Kurve) graphisch darstellen [12]. Hierbei wird typischerweise FAR gegen die $1 - $ FRR angetragen [12]. Analog ist dies auch mit FMR und $1 - $ FNMR möglich [54, S. 7 f]. Die Wertepaare werden durch Variieren des Schwellwertes gewonnen [54, S. 7]. Eine detaillierte Beschreibung der Bestimmung von FMR/FNMR Wertepaaren findet sich in Abschnitt 7.1. Ein Beispiel für eine ROC Kurve ist in Abbildung 2.6 gegeben.

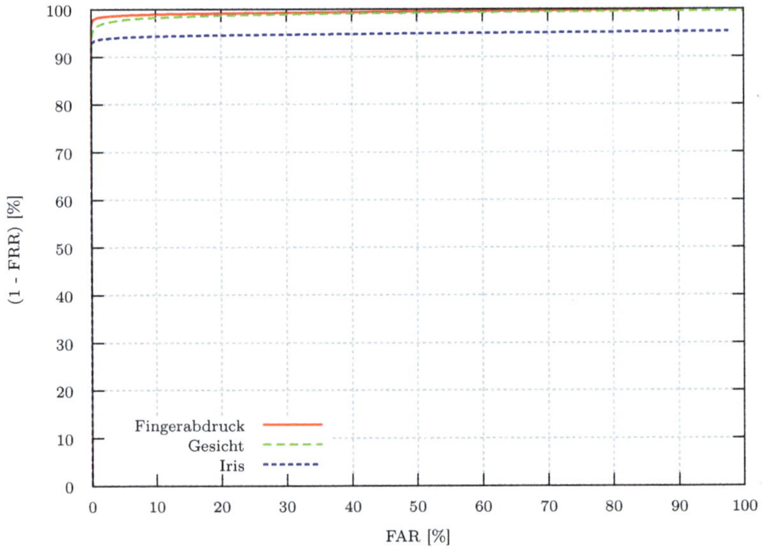

Abbildung 2.6: ROC Kurven biometrischer Systeme aus [36, S. 96]

Hierfür werden die Fehlerraten dreier biometrischer Systeme, basierend auf den Charakteristika Fingerabdruck, Gesicht und Iris aus [36, S. 96], verwendet. Wie sich in Abbildung 2.6 feststellen lässt, kann man die Trennschärfe der drei Systeme nur schwer vergleichen, da die Fehlerraten entsprechend gering sind. Für biometrische Systeme ist die Verwendung der sogenannten „detection error trade-off" Kurve (DET Kurve) empfehlenswert [54, S. 8]. Hierbei wird die FAR gegen die FRR aufgetragen. Analog ist dies natürlich auch für FMR und FNMR möglich [54, S. 8]. Es empfiehlt sich, beide Achsen logarithmisch zu skalieren, was eine bessere Unterscheidbarkeit verschiedener, leistungsfähiger biometrischer Systeme ermöglicht [54, S. 8]. Als Beispiel für eine DET Kurve sind die drei Systeme aus [36, S. 96] in Abbildung 2.7 angetragen, die zuvor bereits in Abbildung 2.6 verwendet wurden.

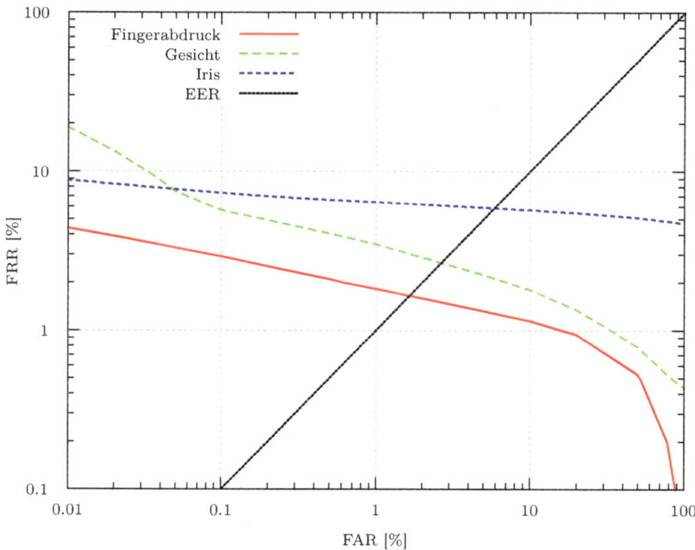

Abbildung 2.7: DET Kurven biometrischer Systeme aus [36, S. 96]

Es lässt sich gut erkennen, dass die DET Kurven der drei Systeme wesentlich aussagekräftiger sind als deren ROC Kurven, wie sich durch einen Vergleich der Abbildungen 2.7 und 2.6 feststellen lässt. Wie man in Abbildung 2.7 erkennen kann, ist die EER bei der Iriserkennung wesentlich höher als bei der Gesichtserkennung (ca. 6% zu 3%). Dennoch liegt bei einer FAR von 0,01% die FRR für die Iriserkennung bei ca. 9%, bei der Gesichtserkennung bei knapp 20%. Dieses Beispiel zeigt, dass ein Vergleich anhand der EER nicht immer sinnvoll ist, da es beim Einsatz eines biometrischen Systems auch immer auf den gewählten Arbeitspunkt bzw. auf die Schwellwerteinstellung ankommt. Am ehesten lassen sich Systeme somit anhand der vollständigen DET Kurve vergleichen, da sich hieraus Werte für jeden gewünschten Arbeitspunkt ableiten und vergleichen lassen. Ein System ist nur dann überall besser in Bezug auf die Trennschärfe als ein anderes, wenn seine DET Kurve vollständig unterhalb derer des anderen Systems verläuft. In der Abbildung 2.7 ist somit die Fingerabdruckserkennung sowohl der Iriserkennung als auch der Gesichtserkennung überlegen.

3 Ausgangslage bei Tippverhaltenserkennung

Nachdem im vorherigen Kapitel 2 die biometrischen Grundlagen beschrieben wurden, soll in diesem Kapitel die Ausgangslage bzw. der relevante Stand der Forschung bei der Tippverhaltenserkennung skizziert werden. Dabei soll zunächst eine Einteilung der Verfahrensarten und deren Einsatzmöglichkeiten beschrieben werden. Danach werden Kriterien aufgezeigt, um die einzelnen Verfahren in Bezug auf die Problemstellung dieser Arbeit vergleichen zu können. Mithilfe dieser Kriterien werden anschließend Verfahren ermittelt, die sich in Bezug auf die Problemstellung als geeignet erweisen.

3.1 Einteilung der Verfahrensarten und Einsatzmöglichkeiten

Bei der Einteilung der verschiedenen Verfahren der Tippverhaltenserkennung gibt es keinen einheitlichen Standard. Ein Beispiel für eine mögliche Unterteilung nach Einsatzszenarien findet sich in [22]. Im Rahmen dieser Arbeit wird eine Einteilung der Verfahrensarten vorgenommen, die sich an [8] anlehnt. In dieser Quelle wird zwischen „static keystroke analysis" und „dynamic keystroke analysis" unterschieden. Unter den erstgenannten Verfahren werden solche verstanden, bei denen sich der Text beim Enrolment und der späteren Verifizierung nicht unterscheidet [8]. Bei den zweitgenannten hingegen kann sich der Text beim Enrolment und der Verifizierung unterscheiden [8]. Als Erweiterung dieser Einteilung wird nun bei den „static keystroke analysis" nochmals zwischen Verfahren unterschieden, bei denen alle Benutzer genau den gleichen Satz verwenden müssen (vorgegebener Festtext) und solchen, bei denen einzelne Benutzer unterschiedliche Texte verwenden können (individueller Festtext). Als Freitextverfahren werden analog zu den „dynamic keystroke analysis" Verfahren verstanden, bei denen der Text zwischen Enrolment und Verifizierung unterschiedlich sein kann. Somit werden drei Arten der Tippverhaltenserkennung im Rahmen dieser Arbeit unterschieden. Diese Klassifikation wird durch Abbildung 3.1 verdeutlicht. Die Einteilung der unterschiedlichen Verfahren im Rahmen dieser Arbeit orientiert sich somit an den Restriktionen bezüglich des zu tippenden Textes.

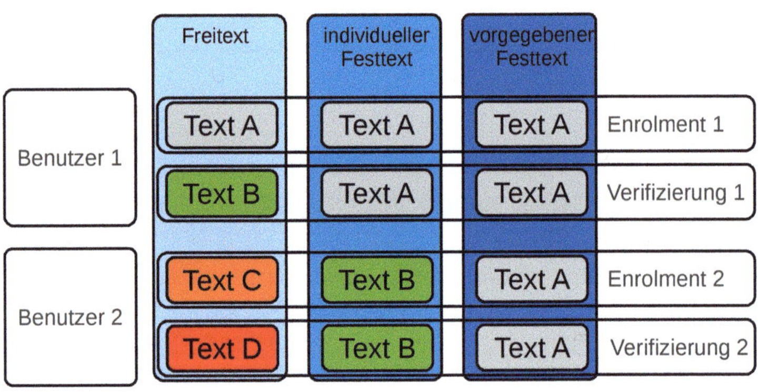

Abbildung 3.1: Einteilung der Verfahrensarten anhand von Restriktionen bei Textwahl

3.1.1 Vorgegebener Festtext

Bei diesen Verfahren wird gefordert, dass der beim Enrolment verwendete Text identisch mit dem Text ist, der später für die Verifizierung oder Identifizierung verwendet wird. Zudem ist hierbei festgelegt, dass alle Benutzer innerhalb des Systems den gleichen, einheitlichen Text verwenden. Diese

Verfahren haben den Vorteil, dass durch den für alle Benutzer fest vorgegebenen Text sichergestellt werden kann, dass ein geeigneter Text als Vorlage verwendet wird. Dabei gelten die Textlänge und die Textbeschaffenheit als wichtige Kriterien bei der Textauswahl [3, S. 36 ff]. Als Nachteil ist bei diesen Verfahren zu nennen, dass aufgrund des einheitlichen, bekannten Textes eine Verifizierung ausschließlich anhand des Tippverhaltens erfolgen kann, da der zu tippende Text für alle Benutzer des Systems gleich und somit allen Benutzern bekannt ist.

3.1.2 Individueller Festtext

Analog zu den Verfahren mit vorgegebenem Festtext wird gefordert, dass der Text für das Enrolment und für die Verifizierung identisch ist. Dieser Text kann jedoch von Benutzer zu Benutzer unterschiedlich sein. Derartige Verfahren haben somit den Vorteil, dass sie neben dem Tippverhalten auch gleichzeitig den Text selbst als Geheimnis zur Auswertung heranziehen können. Beispielsweise wird in [58] ein solches Verfahren beschrieben und als „password hardening" bezeichnet. Ein weiterer Vorteil ist, dass sich die Textvorlage analog wie ein Passwort ändern lässt. In diesem Fall ist jedoch ein nochmaliges Enrolment erforderlich. Als Nachteil kann man bei diesen Verfahren anführen, dass Benutzer möglicherweise Texte als Vorlagen auswählen, die im Sinne der Tippverhaltenserkennung ungeeignet sind. Wie zuvor erwähnt, lassen sich die Textlänge und die Textbeschaffenheit als wichtige Kriterien anführen [3, S. 36 ff]. Beispiele für Verfahren mit individuellem Festtext sind [2], [4], [17], [81] und [89]. Verfahren mit vorgegebenem Festtext lassen sich als spezieller Fall der Verfahren mit individuellem Festtext auffassen.

3.1.3 Freitext

Bei Freitextverfahren lassen sich für das Enrolment und die Verifizierung unterschiedliche Texte heranziehen. Somit lässt sich das Tippverhalten, das anhand unterschiedlicher Texte extrahiert wurde, miteinander vergleichen. Aufgrund dieser Flexibilität verfügen Freitextverfahren über zahlreiche Einsatzmöglichkeiten. So lässt sich das Tippverhalten eines Benutzers beispielsweise auch im Hintergrund permanent mit einem hinterlegten Profil abgleichen, ohne dass irgendwelche Restriktionen im Hinblick auf die Art des Textes gestellt werden müssen [8], [62]. Verfahren mit individuellem oder vorgegebenem Festtext lassen sich als Spezialfälle von Freitextverfahren verstehen.

3.1.4 Abhängigkeiten der Verfahrensarten

Die drei oben beschriebenen Verfahrensarten stehen auch untereinander in einer logischen Abhängigkeit. Alle Einsatzmöglichkeiten eines Verfahrens mit festem, vorgegebenem Text lassen sich ebenfalls mit einem Verfahren realisieren, das auch benutzerindividuelle, feste Texte verarbeiten könnte. Ebenso lassen sich alle Einsatzmöglichkeiten von Verfahren mit benutzerindividuellen, festen Texten mit einem Freitextverfahren realisieren. Diese Abhängigkeiten sind in Abbildung 3.2 skizziert. In dieser Abbildung ist keine Identifizierung mit individuellem Festtext skizziert. Dies ist dadurch zu begründen, dass bei der Identifizierung mit benutzerindividuellen Eingabetexten nur Freitextverfahren verwendet werden können.[1] Die im Rahmen dieser Arbeit interessanten Anwendungsfälle sind die Verifizierung mit Freitext, die Identifizierung mit vorgegebenem Festtext und die Identifizierung mit Freitext. Daher sind diese drei Anwendungsfälle in der Abbildung 3.2 mithilfe von durchgezogenen Linien hervorgehoben. Man könnte daher zu der Überzeugung gelangen, dass Freitextverfahren somit grundsätzlich den anderen beiden Verfahrensarten überlegen sind. Dies ist in Bezug auf die

---

[1] Bei einer solchen Identifizierung müssen, anders als bei einer Verifizierung, Tippproben und Templates verglichen werden, die auf unterschiedlichen Eingabetexten basieren.

Flexibilität bzw. die Einsatzszenarien auch zutreffend. Jedoch gilt, dass die anderen Verfahrensarten durch die geforderten Restriktionen bei der Textwahl methodische Vorteile besitzen. Bei gleichen Textmengen wird im Allgemeinen ein Verfahren mit festem, vorgegebenem Text eine bessere Erkennungsleistung erzielen als ein Verfahren mit festem, individuell wählbaren Text. Ein Freitextverfahren wird wiederum bei gleicher Textmenge im allgemeinen eine schwächere Erkennungsleistung ermöglichen als ein Verfahren mit festem, individuell wählbarem Text.

Als Fazit lässt sich festhalten, dass strengere Restriktionen bei der Textwahl prinzipiell bessere Erkennungsleistungen erlauben und umgekehrt. Es sei an dieser Stelle erwähnt, dass sich diese Hypothese nicht eindeutig belegen lässt, da es eine zu große Anzahl an konkreten Verfahren gibt. In [53] wird anhand ausgewählter Verfahren der beschriebene Zusammenhang bestärkt. Bei [3, S. 237 f] findet sich das Resultat, dass bei der Verwendung desselben Datenbestandes das Festtextverfahren nach Bakdi [3] dem Freitextverfahren nach Bartmann [5] in Hinblick auf die Trennschärfe überlegen ist. Die Hypothese lässt sich somit zumindest anhand von Vergleichen einzelner konkreter Verfahren bestärken.

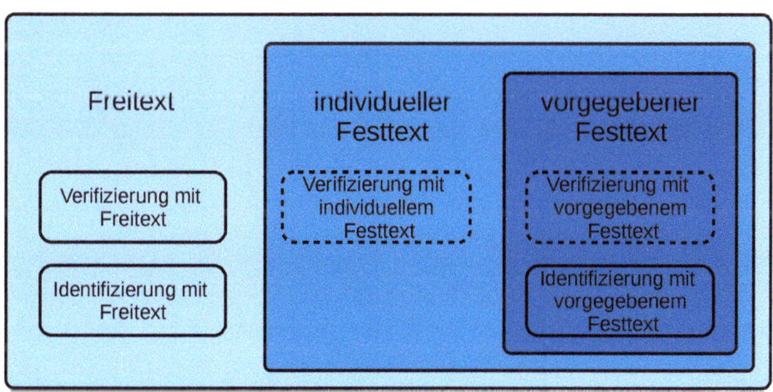

Abbildung 3.2: Einsatzmöglichkeiten der Verfahrensarten

3.2 Relevante Kriterien gemäß Problemstellung

Für die Problemstellung der Erkennung von Mehrfachanmeldungen anhand des Tippverhaltens lassen sich durch die Gegebenheiten bei der Erstellung des Templates die nachfolgenden Kriterien ermittteln, die in diesem Abschnitt detailliert erläutert werden. Mithilfe dieser sollen später die in der Literatur beschriebenen konkreten Verfahren verglichen werden, um so das am besten geeignete Verfahren finden zu können. Die Kriterien, mit denen die einzelnen Verfahren nachfolgend verglichen werden, sind in Anlehnung an [62] gewählt. In dieser Publikation werden „classifier accuracy", „usability" und „confidence in reported results" als Kriterien untersucht.

3.2.1 Vergleichbarkeit

Um Mehrfachanmeldungen zu erkennen, wird eine negative Identifizierung angewendet, die in Unterabschnitt 2.4.3 beschrieben wurde. Daher müssen die Templates auch mit Tippproben unterschiedlicher Benutzer vergleichbar sein. Verfahren, die dies ermöglichen, sind solche mit vorgegebenem Festtext oder mit Freitext (siehe Abbildung 3.2). Verfahren mit individuellen Festtexten wären nur dann geeignet, wenn man als Restriktion fordern würde, dass alle Benutzer sich den gleichen Text aussuchen. Diese nötige Einschränkung bedeutet aber, dass man wieder ein Verfahren mit vorgegebenem Festtext verwenden würde. Aufgrund der nötigen Vergleichbarkeit der Templates mit Tippproben verschiedener Benutzer werden im weiteren Verlauf dieser Arbeit nur noch Verfahren mit vorgegebenem Festtext und Freitextverfahren betrachtet.

3.2.2 Benutzerkomfort

Dieses Kriterium ist in Anlehnung an die „usability" in [62] gewählt. In dieser Publikation wird zum einen der Aufwand, den der Benutzer beim Enrolment aufbringen muss, berücksichtigt. Diese Größe wird als „cost to a user to enroll" (CUE) bezeichnet und gibt die Anzahl an Zeichen an, die der Benutzer beim Enrolment eingeben muss. In Analogie hierzu wird in [62] auch die Anzahl der Zeichen, die der Benutzer bei jeder Verifizierung eingeben muss, berücksichtigt. Diese wird als „cost to a user to authenticate" (CUA) bezeichnet. Das Enrolment und die Verifizierung sollten für einen Benutzer möglichst komfortabel und zeitsparend ablaufen, d. h. ein Verfahren sollte eine möglichst geringe CUE und CUA ausweisen. Im Rahmen dieser Arbeit steht die negative Identifizierung im Fokus, wobei die Textmenge bei der Identifizierung genau jener beim Enrolment entspricht. Daher ist die CUE im Rahmen dieser Arbeit von besonderer Bedeutung.

3.2.3 Trennschärfe

Das Kriterium Trennschärfe wurde in Analogie zur „classifier accuracy" in [62] definiert. Dort werden die FRR und FAR sowie die EER als wichtige Kennzahlen genannt. Für die Erkennung von Mehrfachanmeldungen bzw. für die negative Identifizierung ist es wichtig, dass die eingesetzten Verfahren bereits bei der Verifizierung über eine möglichst hohe Trennschärfe verfügen. Es sei an dieser Stelle erwähnt, dass die Trennschärfe eines beliebigen Verfahrens immer auch von der konkreten Textmenge, d. h. von der CUE und CUA abhängt. Umso mehr Text bzw. damit assoziiertes Tippverhalten beim Enrolment bzw. bei der Verifizierung zur Verfügung steht, umso besser ist die erreichbare Trennschärfe und umgekehrt. Dieser elementare Zusammenhang findet sich in vielen Veröffentlichungen und ist gleichermaßen für Fest- und Freitextverfahren gültig. Bakdi [3, S. 229 ff] z. B. beschreibt in seinem Festtextverfahren eine exponentielle Abnahme der EER mit steigender Textlänge. Auch bei dem Freitextverfahren nach Bartmann [5, S. 147 ff] findet man eine starke Abhängigkeit der EER von der Textlänge.

3.2.4 Signifikanz der Ergebnisse

In Anlehnung an „confidence in reported results" in [62] wird die Signifikanz der Ergebnisse als viertes Kriterium ausgewählt. Genau wie in der genannten Publikation soll auch im Rahmen dieser Arbeit die Anzahl der Probanden bzw. Benutzer betrachtet werden, die bei der Ermittlung der Trennschärfe verwendet wurde. Als Erweiterung des ursprünglichen Kriteriums aus [62] sollen auch Angaben zur Signifikanz betrachtet werden, soweit solche Angaben mit den jeweiligen Verfahren publiziert wurden. Unter der Signifikanz wird im Rahmen dieser Arbeit zusätzlich berücksichtigt, ob die jeweiligen Verfahren mithilfe derselben Daten justiert oder optimiert wurden, mit denen dann auch die abschließenden Ergebnisse erzielt wurden. Dies könnte den Schluss nahelegen, dass ein solches System speziell auf die Gegebenheiten der konkreten Daten überangepasst wurde und somit die Ergebnisse bei anderen Testdaten deutlich schlechter ausfallen könnten.

3.3 Bewertung bestehender Festtextverfahren

3.3.1 Übersicht ausgewählter Verfahren

In diesem Unterabschnitt werden fünf geeignet erscheinende Festtextverfahren aus der Literatur genauer untersucht und verglichen. Dabei wurden Publikationen ausgewählt, die einerseits häufiger im Bereich der Tippverhaltenserkennung zitiert werden und gleichzeitig eine möglichst detaillierte Beschreibung der jeweiligen Verfahren und Auswertungen beinhalten. Aufgrund der zahlreichen existierenden Festtextverfahren musste eine Vorauswahl getroffen werden. In der Tabelle 3.1 werden wichtige Eigenschaften der jeweiligen Verfahren dargestellt. Die in Abschnitt 3.2 beschriebenen Kriterien sind in dieser Tabelle hervorgehoben. Die Vergleichbarkeit wurde nicht mit aufgenommen, da alle fünf Verfahren Festtextverfahren mit vorgegebenen Eingabetexten sind und diese somit gegeben ist. Zusätzlich werden weitere Eigenschaften der unterschiedlichen Verfahren betrachtet. Unter der

Eigenschaft Bezeichnung wird der Autor der jeweiligen Veröffentlichung angeführt, wobei aus Gründen der Übersichtlichkeit stets nur der erste Autor genannt wird. Die Publikation führt die Nummer der Veröffentlichung an, die im Rahmen dieser Arbeit Verwendung findet. Das Jahr, in dem die einzelnen Publikationen zuerst erschienen sind, findet sich unter veröffentlicht. Die Anzahl der Probanden lässt Schlüsse auf die Signifikanz der Trennschärfe zu. Dabei gilt prinzipiell, dass eine größere Anzahl an Probanden auch signifikantere Aussagen ermöglicht und umgekehrt. Dabei verwenden manche Veröffentlichungen neben den Probanden auch sogenannte „Angreifer". Dabei handelt es sich um Personen, deren Tippproben ausschließlich zur Bestimmung der FAR verwendet werden. Die CUA bzw. die Länge der Tippproben gibt die Anzahl der Zeichen an, die pro Tippprobe eingegeben werden müssen. Zusammen mit der Anzahl an Tippproben beim Enrolment lässt sich somit die CUE bzw. die Textmenge beim Enrolment errechnen. Die Angabe der Trennschärfe ist sehr bedeutend, um die Verfahren quantitativ im Hinblick auf die Erkennungsleistung vergleichen zu können. Es fällt hierbei auf, dass unterschiedliche Qualitätskennzahlen zur Angabe der Trennschärfe in den jeweiligen Veröffentlichungen publiziert sind, was die Vergleichbarkeit erschwert. Insbesondere lässt sich die bei Rybnik angegebene „classification accuracy" (CA) nur schwer mit den anderen Werten vergleichen, da es sich hierbei um die Erkennungsleistung bei einer Identifizierung handelt. Die anderen vier Verfahren beziehen ihre Angaben auf die Anwendung bei der Verifizierung. Zusätzlich wird zu jedem Verfahren angegeben, welche Merkmale verwendet werden. Die beiden am häufigsten eingesetzten Merkmale sind hierbei die Halte- und Übergangsdauern, welche mit „H" und „U" bezeichnet werden. Eine gute Erläuterung der Halte- und Übergangsdauern findet sich z. B. in [3, S. 53 ff]. Vereinfacht dargestellt bezeichnet eine Haltedauer die Zeitdifferenz zwischen dem Drücken und dem Loslassen derselben Taste. Die Übergangsdauern hingegen beschreiben die Differenz zwischen dem Loslassen oder Drücken einer und dem Loslassen oder Drücken einer nachfolgenden Taste. Somit sind bei den Übergangsdauern mehrere Möglichkeiten gegeben. Bei den von Bergadano verwendeten Trigraphen werden jeweils drei aufeinanderfolgende Tastenanschläge betrachtet. Hierbei wird die zeitliche Differenz zwischen dem Drücken der dritten und dem Drücken der ersten Taste ermittelt [9]. Als letzte Eigenschaft wird angegeben, welche Algorithmen zur Klassifikation in den einzelnen Verfahren verwendet werden.

Bezeichnung	Bakdi	Bergadano	Rybnik	Sheng	Teh
Publikation	[3]	[9]	[70]	[75]	[82]
veröffentlicht	2007	2002	2009	2005	2007
Anzahl Probanden	1004 Prob.	44 Prob. + 110 Angr.	21 Prob.	43 Prob.	50 Prob.
CUA	53	683	28	37	13
Tippproben Enrolment	20	4	9	9	7
CUE	$20 \cdot 53 =$ 1060	$4 \cdot 683 =$ 2732	$9 \cdot 28 =$ 252	$9 \cdot 37 =$ 333	$7 \cdot 13 =$ 91
Trennschärfe	0,5% EER	4,0% FRR 0,01% FAR	90,83% CA	9,62% FRR 0,88% FAR	6,36% EER
verwendete Merkmale	H, U und 3 weitere	sortierter Trigraph	H und U	H und U	H und U
verwendeter Algorithmus	Two-Class SVM	Metrik	Metrik	Decision Tree	Statistik und Metrik

Tabelle 3.1: Übersicht ausgewählter Festtextverfahren

3.3.2 Bewertung mittels beschriebener Kriterien

Benutzerkomfort

Bakdi beschreibt, dass sein Verfahren auch für geringere Textmengen einsetzbar ist als für die angegebenen 1060 Zeichen (CUE). Bei Bergadano wird erwähnt, dass das Verfahren auch mit weniger als den in der Tabelle 3.1 dargestellten 2732 Zeichen untersucht wurde. Konkret wurde hierbei nur ein Viertel des Merkmalsvektors der jeweiligen Tipppobe verwendet. Bergadano weist darauf hin, dass dies nicht exakt dem Einsatz einer geviertelten Tippprobe entspricht [9]. Als Näherung wird jedoch davon ausgegangen, dass dies der Verwendung von Tippproben mit ca. 170 Zeichen entspricht, bzw. einem Enrolment mit viermal 170 Zeichen. Das Verfahren nach Rybnik ist für geringe Textmengen ausgelegt (252 Zeichen). Sheng hat sein Verfahren auf eine Textmenge von 333 Zeichen hin ausgelegt, wodurch dieses ebenfalls für geringe Textmengen geeignet ist. Das Verfahren nach Teh lässt sich für geringe Textmengen einsetzen, hierbei werden insgesamt 91 Zeichen beim Enrolment verwendet.

Insgesamt lässt sich festhalten, dass Rybnik, Sheng und Teh ihre Verfahren speziell für den Einsatz von wenigen Zeichen entworfen haben. Bakdi hat sein Verfahren ursprünglich für eine CUE von 1060 entworfen, weist jedoch darauf hin, dass das Verfahren auch mit deutlich weniger Text auskommen kann. Bergadano erwähnt explizit, dass aufgrund des verwendeten Merkmals, den sortierten H-Trigraphen, eine umfangreichere Textmenge nötig ist. Der kompakteste von Bergadano betrachtete Fall benötigt 680 Zeichen für das Enrolment, was wesentlich umfangreicher ist als in den anderen Verfahren.

Trennschärfe

Es ist naheliegend, dass die Trennschärfe eines Verfahrens mit der Länge der Tippproben steigt. Diese Erkenntnis findet sich in zahlreichen Veröffentlichungen auf dem Gebiet der Tippverhaltenserkennung wieder. Bergadano stellt eine starke Abnahme der Erkennungsleistung bei Verwendung von halbierten und geviertelten Tippproben fest [9]. Bakdi [3, S. 229 ff] beschreibt sogar eine exponentielle Abnahme der EER mit steigender Textmenge. Aus dieser Erkenntnis heraus ist es naheliegend, dass sich die Verfahren nur dann sinnvoll in Bezug auf die Trennschärfe vergleichen lassen, wenn jeweils dieselben Textmengen zur Bestimmung der einzelnen Qualitätskennzahlen verwendet werden. Eine wirklich objektive Vergleichbarkeit wäre gegeben, wenn derselbe Datensatz zur Auswertung aller fünf Verfahren verwendet wird. Dies würde jedoch voraussetzen, dass alle fünf Verfahren als lauffähige Software vorliegen bzw. beschafft werden können, was jedoch nicht der Fall ist. Auch in [47] wird festgestellt, dass die dort untersuchten Verfahren nur schwer miteinander vergleichbar sind, da die einzelnen Ergebnisse unter abweichenden Bedingungen erzielt werden. Natürlich könnte man versuchen, die jeweiligen Algorithmen basierend auf den einzelnen Publikationen selbst zu programmieren. Jedoch ist dies in den meisten Fällen nicht möglich, da notwendige Details bzw. verwendete Parameter dort nicht angegeben sind. Daher können nur die in den jeweiligen Publikationen angegebenen Werte für die Trennschärfe herangezogen werden. Die Angaben zur Trennschärfe bei allen fünf Verfahren sind zu unterschiedlichen Textmengen gegeben. Um eine möglichst objektive Vergleichbarkeit zu erreichen, wird folgendes Vorgehen gewählt:

Das Verfahren nach Bakdi[2] liegt am Lehrstuhl Bartmann vor und kann somit für beliebige Textmengen untersucht werden. Es werden daher vier Simulationen durchgeführt, um zumindest das Verfahren nach Bakdi paarweise mit jedem der anderen vier Verfahren vergleichen zu können. Als Datensatz dient das Tippverhalten von 1000 Personen, die je 30 mal den Satz „*Euroland, Einstein Kant, Dante Lessing Schiller, in the mood Glenn Miller, Radio Heidelberg.*" getippt haben. Durch das Abschneiden der Tippproben an der passenden Stelle und das Variieren der Anzahl an Tippproben beim Enrolment lassen sich so die Gegebenheiten in den vier Veröffentlichungen von Bergadano, Teh, Rybnik und Sheng nachstellen. Als maximale Länge der Tippproben sind 80 Zeichen möglich (bei Verwendung der gesamten Tippprobe, ohne Abschneiden).

Um die Vergleichbarkeit von Bakdi und Teh herzustellen, wurden für die Simulation sieben Tippproben mit Länge 13 Zeichen beim Enrolment verwendet (Szenario 1). Bakdi konnte 7,4% EER Erkennungsleistung erzielen, wohingegen Teh gemäß der Angaben in der Veröffentlichung 6,36% EER erreicht und somit eine etwas bessere Trennschärfe aufweist.

---

[2]Genau genommen handelt es sich bei dem Algorithmus um eine leicht verbesserte Variante des Verfahrens aus [3]. Am Lehrstuhl von Prof. Dr. Dieter Bartmann wurden einige Verbesserungen am Verfahren vorgenommen: Es werden zusätzliche Merkmale sowie eine optimierte Vorverarbeitung verwendet.

Bezeichnung	Bakdi	Bergadano	Rybnik	Sheng	Teh
Szenario 1 CUE=7·13	7,4% EER	-	-	-	6,36% EER
Szenario 2 CUE=9·28	2,8% EER	-	90,83% CA	-	-
Szenario 3 CUE=9·37	5,0% FRR 0,38% FAR	-	-	9,62% FRR 0,88% FAR	-
Szenario 4 CUE=4·80	1,1% EER	-	-	-	-
Szenario 5 CUE=4·170	-	8,2% FRR 2,3% FAR	-	-	-

Tabelle 3.2: Trennschärfe der Festtextverfahren im Vergleich

Die Vergleichbarkeit von Bakdi und Rybnik wird im zweiten Szenario untersucht, bei dem neun Tippproben der Länge 28 Zeichen beim Enrolment verwendet wurden. Bakdi erreicht hierbei 2,8% EER. Rybnik verwendet als Qualitätskennzahl eine sogenannte „classification accuracy" (CA). Dieses Maß gibt den prozentualen Anteil aller richtig zugeordneten Tippproben zu den einzelnen Benutzern innerhalb einer geschlossenen Benutzergruppe von 21 Personen wieder. Es gibt keine Möglichkeit, dieses Fehlermaß beispielsweise in eine gewöhnliche EER umzurechnen, daher lässt sich keine direkte Vergleichbarkeit zwischen Bakdi und Rybnik herstellen.

Das dritte Szenario, bei dem neun Tippproben mit je 37 Zeichen für das Enrolment verwendet wurden, dient dem Vergleich von Bakdi und Sheng. Dabei erzielt Bakdi 5,0% FRR und 0,38% FAR. Sheng erreicht hier gemäß der Veröffentlichung eine geringere Trennschärfe mit 9,62% FRR und 0,88% FAR.

Da Bergadano bei der kürzesten untersuchten Textmenge vier Tippproben mit je 170 Zeichen (näherungsweise) untersuchte, sollte genau diese Textmenge auch für die vierte Simulation verwendet werden. Da es am Lehrstuhl Bartmann jedoch keinen Datensatz mit Tippproben in dieser Länge gibt (maximal 80 Zeichen pro Tippprobe), wird eine untere Abschätzung verwendet: Im 4. Szenario werden vier mal 80 Zeichen für das Enrolment verwendet, was in etwa der Hälfte der Textmenge von Bergadano entspricht.

Es sei an dieser Stelle erwähnt, dass Bakdi unter diesen Gegebenheiten eine schlechtere Ausgangssituation hat als Bergadano, da auch für die Verifizierung nur 80 anstatt 170 Zeichen lange Tippproben verwendet werden können. Bakdi erreicht mit 1,1% EER immer noch deutlich bessere Werte als Bergadano mit 2,3% FAR bei gleichzeitig 8,2% FRR (dargestellt in Szenario 5). Als Ergebnis lässt sich festhalten, dass Bakdi trotz schlechterer Voraussetzungen durch halb so lange Tippproben bessere Ergebnisse erzielt als Bergadano.

Signifikanz der Ergebnisse

Bei Bakdi ist detailliert beschrieben, wie die einzelnen Qualitätskennzahlen bestimmt werden. Es finden sich Abschätzungen zur Signifikanz der EER [3, S. 185 ff], [3, S. 238]. Ebenfalls ist zu erwähnen, dass Bakdi seine Methode auf drei unterschiedlichen Datensätzen justiert bzw. optimiert und zur finalen Evaluation einen eigenständigen Datensatz mit über 1000 Probanden verwendet. Ein sogenanntes Überlernen auf einen konkreten Datensatz ist somit unwahrscheinlich.

Bei Bergadano ist ebenfalls klar beschrieben, wie die angegebenen Kennzahlen berechnet werden. Es fehlen hierbei jedoch Abschätzungen zur Signifikanz der erzielten Ergebnisse. Bei der Betrachtung des Verfahrens von Bergadano fällt auf, dass bei der Verifizierung die jeweilige Tippprobe auch mit den Profilen aller anderen 43 Benutzern abgeglichen wird, falls es sich um eine der 110 Angreifertippproben handelt. Wird einer der insgesamt 44 Benutzer verwendet, um einen anderen Benutzer anzugreifen, so erfolgt der Abgleich gegen 42 fremde Profile, da das Profil des Angreifers dann „temporär" entfernt wird [9]. Es ist somit klar, dass die Templates der 44 Benutzer voneinander gegenseitig abhängig sind. Es stellt sich somit die Frage, welche Erkennungsleistung das System erzielt, wenn sehr viele (z. B. 1000) oder sehr wenige Profile (z. B. 10) in der Datenbank vorhanden sind. Es werden insgesamt 44 Probanden mit fünf Tippproben verwendet sowie weitere 110 Probanden, die jeweils eine Tippprobe für Angriffe bereitstellen. Die erzielten Ergebnisse werden mit demselben Datensatz berechnet, mit dem zuvor auch die Einstellung bzw. Optimierung vorgenommen wurde. Es ist daher nicht klar, inwieweit das System auch mit anderen Texten und/oder anderen Probanden ähnliche Qualitätskennzahlen reproduzieren kann.

Bei Rybnik ist ebenfalls nachvollziehbar, wie das Ergebnis von 90,83% CA erzielt wird. Es fehlen hierbei jedoch Abschätzungen zur Signifikanz der erzielten Ergebnisse. Rybnik beschreibt seinen Algorithmus ausschließlich bei der Verwendung zur Klassifikation innerhalb einer geschlossenen Benutzergruppe von 21 Personen. Es ist daher nicht möglich, Rybnik in Bezug auf die Trennschärfe objektiv mit den anderen Verfahren zu vergleichen. Die Einstellung der Parameter und die Berechnung der finalen Ergebnisse erfolgt auf demselben Datensatz. Daher ist unklar, inwieweit sich die Ergebnisse auf andere Texte und/oder Probandengruppen übertragen lassen.

Sheng beschreibt ebenfalls detailliert, wie die angegebenen Kennzahlen zur Trennschärfe erreicht werden. Es werden Tippproben von 43 Benutzern verwendet. Für die Justierung des Algorithmus und die nachfolgenden Auswertungen wird derselbe Datensatz zugrunde gelegt. Es ist daher nicht abschätzbar, inwiefern hier ein Überlernen auf den konkreten Datensatz vorliegt. Sheng verwendet Decision Trees als Zwei-Klassen-Klassifikator. Als Basis für die positiven Trainingsbeispiele dienen die ersten neun Tippproben des jeweiligen Benutzers. Die Negativbeispiele basieren auf den ersten neun Tippproben der restlichen 42 Benutzer. Bei der Berechnung der FAR werden Tippproben von denselben 42 Benutzern verwendet, von denen bereits Tippproben zur Templateerstellung herangezogen wurden. Daher beinhalten die Templates bei Sheng Informationen über das Tippverhalten der Angreifer. Die Angaben der Trennschärfe bei Sheng sind somit nur für eine geschlossene Benutzergruppe als valide zu sehen. Angaben zur Signifikanz der erzielten Ergebnisse werden nicht gemacht.

Auch bei Teh ist klar dargestellt, wie das Ergebnis von 6,36% EER zu erzielen ist. Leider findet sich keine Abschätzung zur Signifikanz des Ergebnisses. Es werden insgesamt 50 Probanden zur Ermittlung der Ergebnisse verwendet. Die Optimierung und die Berechnung der finalen Ergebnisse erfolgt auf demselben Datensatz. Es ist daher unklar, inwieweit sich das Ergebnis auf andere Texte und/oder Probandengruppen übertragen lässt.

3.3.3 Fazit der Bewertung

Die Vergleichbarkeit zwischen den Templates beliebiger Benutzer ist bei allen fünf Verfahren gegeben, da es sich um Festtextverfahren mit vorgegebenen Eingabetexten handelt.

Das Verfahren nach Bakdi ist auch für geringe Textmengen bzw. hohen Benutzerkomfort geeignet, wie Tabelle 3.2 zu entnehmen ist. Dies war nicht von Anfang an klar, da das Verfahren ursprünglich für größere Textmengen konzipiert worden ist (siehe Tabelle 3.1). Bei Bergadano wird als geringste untersuchte Textmenge vier mal eine Tippprobe der Länge 170 Zeichen verwendet. Inwieweit sich dieses Verfahren für den Einsatz noch geringerer Textmengen eignet, lässt sich nicht abschätzen. Allerdings erwähnt Bergadano, dass sein Verfahren wegen der analysierten Merkmale wohl eher für größere Textmengen geeignet ist [9]. Die Verfahren von Teh, Rybnik und Sheng sind alle drei für vergleichsweise geringe Textmengen konzipiert worden.

Besonders bedeutsam ist der Vergleich der erreichbaren Trennschärfe, dessen Ergebnisse in Tabelle 3.2 dargestellt sind. Hierbei fällt auf, dass Bakdi in zwei von vier Szenarien die höchste Trennschärfe erreicht. Das Verfahren nach Bakdi liefert im ersten Szenario (7 mal 13 Zeichen) eine EER von 7,4% EER. Teh gibt für sein Verfahren unter den betrachteten Umständen eine EER von 6,36% an und ist somit geringfügig besser als Bakdi. In Szenario 2 (9 mal 28 Zeichen) erreicht Bakdi in der Simulation 2,8% EER, lässt sich aber nicht direkt mit Rybnik vergleichen. Das dritte Szenario zeigt für Bakdi mit 5,0% FRR und 0,38% FAR eine deutlich bessere Trennschärfe als Sheng mit 9,62% FRR und 0,88% FAR. Bei Szenario 4 (4 mal 80 Zeichen) erreicht Bakdi 1,1% EER und liefert somit deutlich bessere Resultate als Bergadano mit 8,2% FRR und 2,3% FAR. Dies ist insbesondere deshalb bemerkenswert, da Bergadano mehr als doppelt so viel Text verwendet (Szenario 5, 4 mal 170 Zeichen) und somit wesentlich günstigere Voraussetzungen hat. Zusammenfassend lässt sich festhalten, dass Bakdi abgesehen vom ersten Vergleich bzw. Szenario die höchste Trennschärfe aufweist, soweit die Vergleichbarkeit gegeben war.

Bei der Signifikanz der Ergebnisse erkennt man, dass Bakdi als einziges Verfahren getrennte Datensätze zur Justierung des Algorithmus und zur Auswertung verwendet. Zusätzlich erfolgte die finale Auswertung bei Bakdi und auch die im Rahmen dieser Arbeit durchgeführten Simulationen (Szenario 1, 2, 3 und 4) mit über 1000 Probanden. Daher ist bei diesem Verfahren ein Überlernen auf einen speziellen Datensatz sehr unwahrscheinlich. Bei Bergadano, Teh, Rybnik und Sheng wird eine wesentlich geringere Anzahl an Probanden verwendet, und die Verfahren werden in allen vier Fällen an denselben Daten justiert, mit denen sie auch ausgewertet werden. Es ist daher zumindest fraglich, ob diese vier Verfahren auch bei anderen Texten (gleicher Länge) und Probandengruppen ihre Kennzahlen reproduzieren können.

Unter Berücksichtigung von Benutzerkomfort, Trennschärfe und Signifikanz der Ergebnisse kommt man zu dem Schluss, dass Bakdi das am besten geeignete Festtextverfahren unter den untersuchten Algorithmen hat. Es wird daher im Rahmen dieser Arbeit das Verfahren von Bakdi für die negative Identifizierung mit Festtext verwendet.

3.4 Bewertung bestehender Freitextverfahren

3.4.1 Übersicht ausgewählter Verfahren

In diesem Unterabschnitt werden fünf geeignet erscheinende Freitextverfahren aus der Literatur präsentiert. Tabelle 3.3 listet wichtige Eigenschaften der ausgewählten Verfahren auf, ähnlich wie dies zuvor für Festtextverfahren in Tabelle 3.2 vorgenommen wurde.

Bezeichnung	Bartmann	Bergadano	Gunetti	Rybnik	Shimshon
Publikation	[5]	[8]	[32]	[71]	[77]
veröffentlicht	2000	2003	2005	2008	2010
Anzahl Probanden	10 Prob. + 130 Angr.	40 Prob. + 90 Angr.	40 Prob. + 165 Angr.	37 Prob.	21 Prob. + 165 Angr.
CUA	150	300	780	55	195
CUE	ca. 5000	ca. 1028	ca. 10900	220	ca. 2730
Trennschärfe	3,0% EER	4,4% FRR 2,9% FAR	4,8% FRR 0,0049% FAR	75,68% CA	23,8% FRR 0,12% FAR
verwendete Merkmale	Tastenauswahl, Überholung, H, U	sortierte N-Graphen (N=2, 3), Tippgesch.	sortierte N-Graphen (N=2, 3, 4)	Histogramm-Vektoren für U, H	Clusterverfahren mit 2-Graphen
verwendeter Algorithmus	Künstliches Neuronales Netz	Metrik	Metrik	Metrik	Random Forest

Tabelle 3.3: Übersicht ausgewählter Freitextverfahren

Die Eigenschaften Bezeichnung, Publikation und veröffentlicht sind analog wie bei den Festtextverfahren gewählt. Die Anzahl der Probanden lässt Schlüsse auf die Signifikanz der angegebenen Werte zur Trennschärfe zu. Hierbei gilt wiederum, dass eine größere Anzahl an Probanden auch signifikantere Aussagen ermöglicht und umgekehrt. Die CUA gibt die Anzahl der Zeichen der Tippprobe an, die bei der Verifizierung eingegeben werden muss. Die CUE bzw. die Textmenge beim Enrolment gibt an, wie viele Zeichen bei der Erstellung des Templates eingegeben werden müssen. Bei Bergadano werden Templates mit stark variierender Anzahl an Zeichen erstellt. In der Veröffentlichung wird erwähnt, dass insgesamt 137 Tippproben mit je ca. 300 Zeichen zur Erstellung der 40 Profile verwendet werden [8]. Daher ergibt sich im Mittel eine Textmenge von ca. 1028 Zeichen. Die Angabe der Trennschärfe ist auch bei den Freitextverfahren wichtig, um die Verfahren quantitativ im Hinblick auf die Erkennungsleistung vergleichen zu können. Es finden sich unterschiedliche Qualitätsmaße zur Beschreibung der Trennschärfe, was die Vergleichbarkeit erschwert. Zu jedem Verfahren wird angegeben, welche Merkmale eingesetzt werden. Merkmale, die häufig verwendet werden, sind die Halte- und Übergangsdauern, welche wieder mit „H" und „U" abgekürzt werden. Die von Bergadano, Gunetti und Shimshon verwendeten N-Graphen sind eine spezielle Art von Übergangsdauern. Ein 3-Graph beispielsweise gibt an, wie viel Zeit zwischen dem Drücken der ersten und der dritten Taste einer bestimmten, drei Zeichen langen Sequenz vergangen ist [8], [32]. Das Merkmal Tastenauswahl untersucht, wie alternativ zur Verfügung stehende Tasten verwendet werden (beispielsweise linke und rechte Umschalttaste). Bei den Überholungen wird analysiert, wie häufig bzw. bei welchen Tastenkombinationen die nachfolgende Taste bereits gedrückt wurde, bevor die vorhergehende losgelassen wurde. Eine Beschreibung des Merkmals Tastenauswahl findet sich in [5, S. 56 ff], für die Überholungen in [5, S. 71 ff]. Ebenso wird angegeben, welche Algorithmen zur Klassifikation verwendet werden.

3.4.2 Bewertung mittels beschriebener Kriterien

Benutzerkomfort

Bei Bartmann wird ein recht umfangreiches Enrolment benötigt, da hier ca. 5000 Zeichen verwendet werden [5, S. 133]. Es finden sich keine Angaben, wie gut das Verfahren bei einem wesentlich kompakteren Enrolment (beispielsweise 1000 Zeichen) funktioniert. Positiv in Bezug auf den Benutzerkomfort ist bei Bartmann hingegen, dass die Länge des Textes bei der Verifizierung recht gering gewählt werden kann (50-150 Zeichen) [5, S. 147]. Bei Bergadano ist hervorzuheben, dass das Enrolment recht kompakt gehalten ist (im Mittel 1028 Zeichen). Eine Analyse zur Verwendung unterschiedlicher Textmengen beim Enrolment (CUE) wird nicht vorgenommen. Auch bei Bergadano findet sich eine Untersuchung zur Verwendung unterschiedlich langer Texte bei der Verifizierung: Es werden 38, 75, 150 und 300 Zeichen untersucht [8]. Gunetti fordert mit ca. 10900 Zeichen das umfangreichste Enrolment. Hierfür werden jeweils 14 Tippproben mit einer mittleren Länge von 780 Zeichen verwendet [32]. Eine Analyse zur Verwendung unterschiedlicher Textmengen beim Enrolment wird bei Gunetti vorgenommen, wobei Templates bestehend aus 2, 4, 6, 8, 10, 12 und 14 Tippproben betrachtet werden. Ebenso findet sich eine Untersuchung zur Betrachtung unterschiedlicher Tippprobenlängen. Es wird hierbei eine CUA von 195, 390, 585 und 780 Zeichen untersucht. Rybnik verwendet mit 220 Zeichen das kürzeste Enrolment. Auch die Textmenge zur Klassifikation ist mit 55 Zeichen sehr kompakt gewählt. Eine Analyse zur Verwendung anderer Textmengen bei Enrolment und/oder Klassifikation wird nicht vorgenommen. Shimshon untersucht vier Szenarien in Bezug auf die verwendete Textmenge: CUE=10920 und CUA=780, CUE=8200 und CUA=585, CUE=5460 und CUA=390 sowie CUE=2730 und CUA=195. Da Shimshon sein Verfahren als Weiterentwicklung von Gunetti entworfen hat, lassen sich diese beiden Verfahren gut miteinander vergleichen. Auch verwendet Shimshon die gleiche Datengrundlage wie Gunetti, bzw. eine Teilmenge, wie in [77] beschrieben ist.

Trennschärfe

Genau wie für die Fest- gilt auch für die Freitextverfahren, dass die Trennschärfe immer in Bezug zur benötigten Textmenge gesehen werden muss. Auch bei den Freitextvarianten ist zu beobachten, dass eine Verlängerung des Enrolments und/oder die Verwendung längerer Texte bei der Verifizierung eine deutlich bessere Trennschärfe ermöglichen und umgekehrt [5, S. 145 ff], [8], [32] und [77]. Eine objektive Vergleichbarkeit der Trennschärfe der fünf Verfahren wäre gegeben, wenn in allen die gleiche Textmenge für das Enrolment und für die Verifizierung verwendet worden wäre. Da keines der Verfahren als lauffähige Software vorliegt, können im Rahmen dieser Arbeit keine geeigneten Simulationen durchgeführt werden, um eine objektive Vergleichbarkeit herzustellen.

Um wenigstens eine Abschätzung zu ermöglichen, wird nun die Trennschärfe bei Verwendung von ca. 150 Zeichen verglichen, da zu dieser Textmenge zumindest in vier der fünf Veröffentlichungen Werte angegeben sind. Rybnik wird aus Gründen der Vollständigkeit mit aufgelistet, wobei hier nur Auswertungen zu 55 Zeichen gemacht werden. Daher wird Rybnik in den später gemachten Betrachtungen nicht mehr aufgeführt.

Bezeichnung	Bartmann	Bergadano	Gunetti	Rybnik	Shimshon
CUA	150	150	195	55	195
CUE	ca. 5000	ca. 1028	ca. 2730	220	ca. 2730
Trenn-schärfe	3,0% EER	8,8% FRR 5,0% FAR	29,2% FRR 0,40% FAR	75,68% CA	23,8% FRR 0,12% FAR

Tabelle 3.4: Trennschärfe der Freitextverfahren im Vergleich

Wie in Tabelle 3.4 zu erkennen ist, werden zwar zwischen 150 und 195 Zeichen als Textmenge bei der Verifizierung verwendet, jedoch variiert die Menge an Text beim Enrolment zwischen 1028 und 5000 Zeichen. Zumindest zwischen Bartmann und Bergadano lässt sich folgender Schluss ziehen: Bartmann erzielt eine ca. doppelt so hohe Trennschärfe, benötigt dafür aber beim Enrolment fünf mal mehr Text als Bergadano. Bei Gunetti finden sich nur die Angaben mit 36,0% FRR und 0,18% FAR oder mit 29,2% FRR und 0,40% FAR [32]. Da diese beiden Wertepaare weit entfernt von einer EER liegen, lässt sich Gunetti nicht mit Bartmann und Bergadano vergleichen. Jedoch ist es problemlos möglich, Gunetti mit Shimshon zu vergleichen. Dies liegt daran, dass Shimshon sein Verfahren als Weiterentwicklung von Gunetti versteht und somit um Verwendung gleicher Bedingungen bemüht war. Bei dem Vergleich von Gunetti und Shimson erkennt man, dass Shimson eine wesentlich bessere Trennschärfe erreicht.

Signifikanz der Ergebnisse

Bartmann beschreibt detailliert, wie die einzelnen Ergebnisse erzielt werden. Die Verwendung von lediglich zehn Benutzern zur Bestimmung der Qualitätskennzahlen erscheint als gering. Als positiv in Hinblick auf die Sgnifikanz ist zu bemerken, dass die zehn Probanden umfangreiche Textmengen abgegeben haben (je zwischen 24.600 und 83.500 Tastaturereignisse[3] [5, S. 133]), was die Simulation einer Vielzahl an Verifizierungen erlaubt. Ebenfalls als positiv zu bewerten ist, dass Bartmann seine Testdaten über einen längeren Zeitraum von 6 bis 17 Monate gesammelt hat [5, S. 133]. Zur Justierung des Verfahrens und zur finalen Auswertung wird derselbe Datensatz verwendet.

Bei Bergadano wird ebenfalls detailliert beschrieben, wie die Ergebnisse erzielt werden. Es werden 40 Benutzer herangezogen sowie 90 Probanden, die als Angreifer dienen. Kritisch zu sehen ist hierbei, dass insgesamt nur zwei unterschiedliche Textvorlagen zum Einsatz kommen. Mit Textvorlage „T1" werden die Profile trainiert, mit Textvorlage „T2" werden die Verifizierungsversuche simuliert [8]. Bei diesem Vorgehen stellt sich die Frage, ob das System bei Verwendung zweier anderer Textvorlagen vergleichbare Resultate erzielen würde oder ob das System möglicherweise an die beiden konkreten Textvorlagen überangepasst wird. Zusätzlich muss festgehalten werden, dass insgesamt nur 364 Tippproben für die Auswertung verwendet werden. Zur Justierung des Systems und zur finalen Auswertung wird derselbe Datensatz eingesetzt.

Auch bei Gunetti wird die Vorgehensweise zur Auswertung des Verfahrens klar beschrieben. Es werden hierbei 40 Benutzer und 165 Angreifer verwendet. Von jedem Benutzer werden 15 Tippproben abgegeben, von jedem Angreifer eine [32]. Auch hier wird zur Justierung der Parameter des Systems und zur finalen Auswertung derselbe Datensatz eingesetzt.

Auch Rybnik beschreibt nachvollziehbar, wie die Ergebnisse erzielt werden. Rybnik verwendet 37 Benutzer, die je drei Tippproben abgegeben haben.

---

[3]Bartmann beschreibt, dass je zwei Tastaturereignisse einem Tastenanschlag entsprechen [5, S. 135].

Aus den ersten beiden Tippproben mit einer Länge von jeweils 110 Zeichen wird das Template trainiert, mit der dritten Tippprobe der Länge 55 Zeichen wird die Klassifikation vorgenommen. Es werden also insgesamt nur 37 Tippproben zur Bestimmung der Klassifikationsleistung verwendet [71], was gering erscheint. Wie bei den anderen vier Verfahren auch wird derselbe Datensatz zur Justierung und finalen Auswertung verwendet.

Shimshon beschreibt seine Vorgehensweise bei der Auswertung ebenfalls klar, jedoch wäre eine detailliertere und nachvollziehbarere Beschreibung der Merkmalsextraktion und Klassifikation wünschenswert gewesen. Es werden hier 21 Benutzer und 165 Angreifer verwendet, die Daten sind hierbei eine Teilmenge der Daten von Gunetti [77]. Shimshon gebraucht ebenfalls denselben Datensatz für Justierung und Auswertung.

3.4.3 Fazit der Bewertung

Die Vergleichbarkeit der einzelnen Templates beliebiger Benutzer ist bei allen fünf Verfahren gegeben, da es sich um Freitextverfahren handelt.

Wie zuvor beschrieben, weisen die fünf Verfahren im Hinblick auf den Benutzerkomfort (CUA, CUE) große Unterschiede auf. Im Hinblick auf die Eignung für geringe Textmengen erscheinen nur Bergadano und Rybnik dieses Kriterium zu erfüllen. Bei den übrigen drei Veröffentlichungen lassen sich keine Angaben finden, inwieweit die jeweiligen Verfahren bei geringen Textmengen einsetzbar sind (siehe Tabelle 3.4).

Die erreichte Trennschärfe bei Bergadano mit 8,8% FRR und 5,0% FAR erscheint als nicht besonders hoch, wenn hierfür im Mittel ca. 1028 Zeichen beim Enrolment und 150 Zeichen bei der Verifizierung eingegeben werden müssen. Die angegebene Trennschärfe bei Rybnik lässt sich nicht in eine FER oder in ein FRR und FAR Wertepaar überführen, was die Einordnung der Trennschärfe dieses Verfahrens schwierig macht. Bartmann benötigt ca. 5000 Zeichen für das Enrolment, was als sehr umfangreich erscheint. Gunetti und Shimshon benötigen ebenfalls relativ viel Text (ca. 2730 Zeichen), wie Tabelle 3.4 zu entnehmen ist.

Die Signifikanz der Ergebnisse ist bei allen fünf Verfahren durch die Verwendung von jeweils wenigen Probanden begrenzt, siehe Tabelle 3.3. Zusätzlich wurde bei allen Verfahren stets die Justierung der Algorithmen und die spätere Auswertung der Ergebnisse auf denselben Datensätzen durchgeführt. Bergadano verwendet nur zwei unterschiedliche Textvorlagen, Rybnik drei. Dies lässt die Frage aufkommen, ob diese Verfahren auch bei Verwendung anderer Textvorlagen ähnlich gut funktionieren würden.

Als Fazit lässt sich somit festhalten, dass unter den untersuchten Freitextverfahren keines existiert, das bei hohem Benutzerkomfort eine gute Trennschärfe ermöglicht. Es soll daher ein geeignetes Verfahren entwickelt werden, das diesen Anforderungen gleichermaßen gerecht wird. Dabei sollen die erzielten Ergebnisse auf einer breiten Datenbasis validiert werden, wobei die zuvor erfolgte Einstellung des zu entwickelnden Verfahrens auf einer separaten Datenbasis durchgeführt wird.

Teil II

Entwicklung eines Freitextverfahrens

4 Grundideen für Freitextverfahren

4.1 Problem der textabhängigen Merkmale

Ganz allgemein hat man bei der Tippverhaltenserkennung mit Freitext die methodische Herausforderung, dass sich die getippten Texte beliebig stark unterscheiden dürfen. Dadurch sind Freitextverfahren aus methodischer Sicht gegenüber Festtextverfahren benachteiligt. Bei Festtextverfahren müssen die zu vergleichenden Tippproben bezüglich einer statischen Vorlage getippt worden sein. Somit lassen sich einheitliche Merkmalsvektoren extrahieren, die leicht miteinander vergleichbar sind.

Bei der Merkmalsextraktion zweier unterschiedlicher Tippproben bei Freitext ist es die Regel, dass sich die zwei Merkmalsvektoren bzw. Matrizen nicht direkt miteinander vergleichen lassen, da der eine Vektor bzw. die eine Matrix Beobachtungen enthält, die bei dem anderen fehlen und umgekehrt. Diese Problematik soll anhand von Abbildung 4.1 beispielhaft dargelegt werden. In dieser Abbildung sind die sogenannten Übergangsmatrizen zweier Tippproben schematisch abgebildet. In dem Beispiel lässt sich erkennen, dass in der Tippprobe 1 ein Tastenübergang von B nach A beobachtet wurde und dass dieser Übergang in Tippprobe 2 nicht beobachtet werden kann.

Eine häufig anzutreffende Vorgehensweise ist es, die beiden Tippproben ausschließlich anhand der Beobachtungen zu vergleichen, die in beiden Vektoren bzw. Matrizen vorkommen. Dies ist in Abbildung 4.1 durch die dritte Matrix visualisiert. Dies wird beispielsweise bei [8] und [32] anhand der

N-Graphen durchgeführt. Die 2-Graphen bzw. Digraphen in diesen beiden
Veröffentlichungen lassen sich als Matrizen nach Abbildung 4.1 verstehen.
Eine solche Vorgehensweise hat jedoch den entscheidenden Nachteil, dass
die Merkmalsvektoren bzw. Matrizen unterschiedliche Dimensionalität besitzen, da bei Freitext unterschiedliche Texte eingegeben werden, die gegebenenfalls auch unterschiedlich lang sein können. Dadurch lassen sich komplexere und leistungsfähigere Klassifikatoren wie z. B. Künstliche Neuronale
Netze oder Support Vector Machines nicht ohne Weiteres einsetzen. Häufig
werden daher Heuristiken und Metriken eingesetzt, um Merkmalsvektoren
unterschiedlicher Dimensionalität vergleichen bzw. klassifizieren zu können.

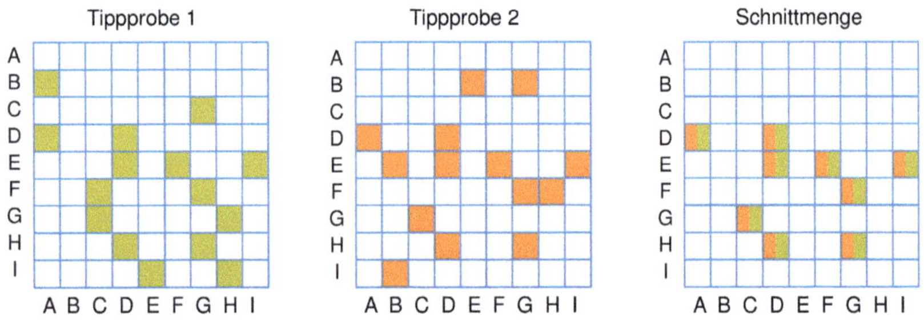

Abbildung 4.1: Visualisierung des Problems textabhängiger Merkmale

4.2 Beschreibung der Grundidee einheitlicher Merkmalsvektoren

Um das im vorherigen Abschnitt 4.1 geschilderte Problem lösen zu können
und somit den Einsatz von komplexeren und leistungsfähigeren Klassifikatoren zu ermöglichen, werden zwei unterschiedliche Ansätze verfolgt.
Zum einen kann man grundsätzlich Merkmale verwenden, die immer die
gleiche Dimensionalität besitzen. Dies schließt natürlich auch mit ein, dass
neben der reinen Anzahl an Dimensionen auch die einzelnen Komponen-

ten der Merkmalsvektoren die „gleiche Bedeutung" haben müssen. Dabei besteht natürlich die Herausforderung, entsprechende Merkmale zu finden. Dies ist nicht trivial, denn diese speziellen Merkmale müssen aus Tippproben zu beliebigen Eingabetexten Merkmalsvektoren stets gleicher Dimensionalität erzeugen können. Der Einsatz solcher Merkmale auf Basis von Histogrammen für Übergangs- und Haltedauern für Freitext ist bereits in der Literatur beschrieben worden [71] und wird im Rahmen dieser Arbeit aufgegriffen und weiterentwickelt. Eine detaillierte Beschreibung dieser Merkmale bzw. deren konkrete Ausgestaltung findet sich in Abschnitt 5.2. In der Literatur findet sich auch der Ansatz, einheitliche Merkmalsvektoren auf Basis von statistischen Testgrößen zu generieren [5]. Durch dieses Vorgehen lässt sich ebenfalls erreichen, dass die Merkmalsvektoren eine einheitliche Dimensionalität aufweisen [5, S. 113]. Ein derartiger Ansatz auf Basis von statistischen Testgrößen wurde nicht weiter verfolgt, da das auf diesem Konzept basierende Freitextverfahren ein sehr umfangreiches Enrolment erfordert [5, S. 133]. Die von Shimshon beschriebene Vorgehensweise zur Verwendung eines Clusterverfahrens auf Basis von Digraphen [77] wurde nicht weiter verfolgt, da die methodische Vorgehensweise in dieser Veröffentlichung nicht detailliert genug beschrieben ist.

Der zweite Ansatz besteht darin, Merkmalsvektoren bzw. Matrizen zu verwenden, deren Dimensionalität zunächst einmal abhängig von der konkreten Tippprobe ist, und diese durch eine passende Imputation bzw. Weglassen einzelner Werte zu vereinheitlichen. Dieses Konzept ist in Abbildung 4.2 dargestellt. Es sollen auch hierbei wieder die zwei unterschiedlichen Tippproben 1 und 2 betrachtet werden. Zuvor muss eine Matrix mit „Standardwerten" gegeben sein. Die Werte dieser „Standardmatrix" werden zur Imputation verwendet, d. h. falls in den Tippproben 1 und 2 Übergänge fehlen, die in der Standardmatrix enthalten sind, so werden diese fehlenden Werte durch jene der Standardmatrix ersetzt.

In Abbildung 4.2 wird beispielsweise in Tippprobe 1 der Übergang von B nach E imputiert, bei Tippprobe 2 der Übergang von C nach G. Dies ist in der Abbildung durch die jeweils blau gefüllten Kästchen in den Tippproben 1 und 2 visualisiert. Die Standardmatrix gibt zusätzlich vor, welche Übergänge überhaupt betrachtet werden sollen. Wenn die Tippproben 1 und 2 Übergänge beinhalten, die in der Standardmatrix nicht vorkommen, so werden diese ausgelassen. Dies ist in der Abbildung mithilfe der blauen Kreuze dargestellt. Beispielsweise wird der Übergang von B nach A in Tippprobe 1 nicht betrachtet, ebenso wie der Übergang von I nach B in Tippprobe 2. Mithilfe dieser Vorgehensweise ist es möglich, einheitliche Merkmalsvektoren zu generieren. Das Imputieren und Weglassen von Werten ist dabei allgemein eine bekannte Vorgehensweise. In Abschnitt 5.3 sind diese Merkmale bzw. deren konkrete Ausgestaltung im Rahmen dieser Arbeit detailliert beschrieben.

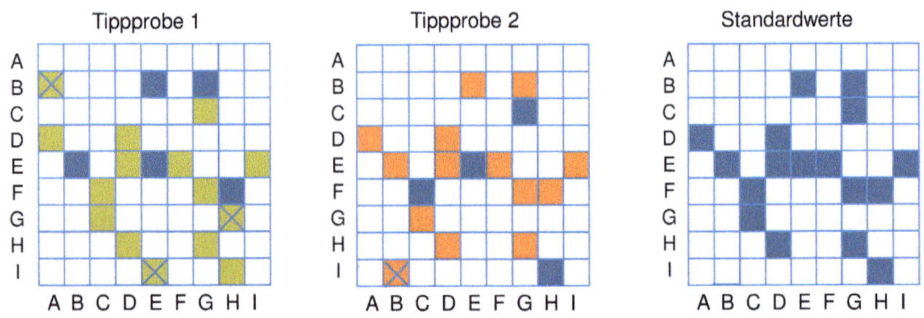

Abbildung 4.2: Visualisierung von Imputation und Weglassen

Das im Rahmen dieser Arbeit gewählte Konzept zur Imputation ist eine einfache sogenannte „unique-value imputation" [72], d. h. dass fehlende Werte durch einen einzigen statischen Wert ersetzt werden. Es gibt auch Methoden, einzelne nicht vorhandene Werte mehrfach zu ersetzen [90]. Diese komplexeren Methoden zur Imputation werden im Rahmen dieser Arbeit nicht angewendet, da der Fokus auf die Merkmalsextraktion gelegt wird. Zudem hat das im Rahmen dieser Arbeit verwendete Konzept zur Imputation den Vorteil, dass es auch auf Daten mit einem hohen Anteil an fehlenden Werten vergleichsweise gut anwendbar ist [25].

4.3 Beschreibung der Grundidee der Verwendung von Two Class SVM

Grundsätzlich ist neben der Auswahl geeigneter Merkmale auch die Auswahl eines passenden Algorithmus zur Klassifikation bedeutsam. Im Rahmen dieser Arbeit werden Two Class Support Vector Machines (SVM) als Klassifikatoren eingesetzt. Wie später noch detailliert beschrieben wird, haben einige der verwendeten Merkmale bzw. Merkmalsvektoren eine hohe Dimensionalität. Die SVM ist ein Algorithmus, der auch bei einer hohen Dimensionalität und vergleichsweise geringer Anzahl an Merkmalsvektoren gut einsetzbar ist [51]. Ebenso zeichnet sich die SVM durch eine gute Generalisierungsfähigkeit und eine geringe Tendenz zum Überlernen aus [51]. Zusätzlich erreicht die SVM im Vergleich mit anderen Klassifikatoren eine gute Klassifikationsleistung [16]. Ein weiterer Grund für die Wahl der SVM als Klassifikator ist die Tatsache, dass sich dieser Algorithmus im Bereich der Tippverhaltenserkennung bei festen Eingabetexten bewährt hat [3, S. 219 ff]. Im Rahmen der Literaturrecherche wurde kein anderes Freitextverfahren gefunden, das eine SVM als Klassifikator einsetzt. Eine mögliche Ursache ist, dass die untersuchten Verfahren mit Ausnahme von [5], [71] und [77] keine einheitlichen Merkmalsvektoren auswerten. Rybnik [71] verwendet eine Manhattan-Distanz zur Klassifikation, Bartmann [5, S. 115 ff] greift auf Künstliche Neuronale Netze (KNN) zurück. Shimshon [77] setzt einen Random Forest als Klassifikator ein.

4.4 Verwendete Daten

4.4.1 Sammlung der Freitextdaten

Im Rahmen dieser Arbeit wurden insgesamt zwei Datensammlungen zur Gewinnung von Freitextdaten durchgeführt. In beiden Fällen wurden die Tippproben in Zusammenarbeit mit einem Marktforschungsinstitut gesammelt. Die Auswahl der Probanden erfolgte durch das Marktforschungsinstitut, wobei ausschließlich Personen aus dem deutschsprachigen Raum teilgenommen haben. Hierzu wurde eine spezielle Webanwendung verwendet, in der die Tippproben aufgezeichnet werden konnten. Die Anwendung zeichnete hierbei bei jeder Tippprobe die einzelnen Tastenereignisse auf. Ein solches Tastenereignis besteht aus der Information, welche Taste betätigt wird (Tastencode), ob die jeweilige Taste losgelassen oder gedrückt wird (Keyup oder Keydown), sowie der Information, wie viele Millisekunden seit dem vorherigen Tastenereignis vergangen sind.

Bei der ersten Datensammlung nahmen 147 Probanden teil, die jeweils 30 Freitexttippproben der Länge 80 bis 120 Zeichen abgegeben haben. Bei der zweiten Sammlung mussten die Teilnehmer jeweils 20 Freitexttippproben der Länge 80 bis 120 Zeichen abgeben. Zusätzlich mussten noch 15 Festtexttippproben abgeben werden. Bei der zweiten Datensammlung gaben insgesamt 507 Probanden die geforderten Freitexttippproben ab. Von diesen 507 Teilnehmern beendeten 467 die Sammlung durch die Eingabe der geforderten 15 Festtexttippproben.

Die Tippproben wurden von den meisten Probanden innerhalb eines Tages abgegeben. Bei der ersten Sammlung von Freitexttippproben wurden den Probanden jeweils 30, bei der zweiten jeweils 20 zufällig ausgewählte Sätze aus einer Menge von 3906 unterschiedlichen Sätzen nacheinander angezeigt. Der jeweils präsentierte Satz musste in ein spezielles Feld eingetippt werden, in welchem die Tippproben aufgezeichnet wurden. Die Tippproben wurden akzeptiert, wenn der eingegebene Text sich um nicht mehr als ca. 5% von der jeweiligen Vorlage unterschied[1]. Wurden zu viele Tippfehler gemacht, so wurde die Tippprobe nicht gespeichert und der Proband zu einer nochmaligen Eingabe aufgefordert. Aufgrund der zufälligen Auswahl des zu tippenden Satzes aus einer Menge von 3906 unterschiedlichen Sätzen entspricht diese Vorgehensweise dem Sammeln von Freitexttippproben.

Die Festtexttippproben in der zweiten Datensammlung wurden analog zu den Freitexttippproben gesammelt, nur dass hierbei immer derselbe Satz

---

[1]Die Abweichung zwischen eingegebenem Text bzw. Tippprobe und der Vorlage wird mit dem erweiterten Levenshtein-Algorithmus analog wie in [3, S. 49 ff] bestimmt.

abzutippen war. Als Vorlage diente der Satz „*Ich bin der Meinung, die richtige Antwort lautet:*".

Es wäre auch möglich gewesen, den Probanden bei der Abgabe der Freitext-tippproben freie Wahl zu lassen. Bei einer solchen Vorgehensweise erscheint es jedoch als wahrscheinlich, dass die Teilnehmer häufig identische Texte eingeben, oder aber, dass unmotivierte Probanden durch das Gedrückthalten einer einzigen Taste die Datensammlung möglichst rasch abzuschließen versuchen. Daher erschien die Umsetzung mit zufällig angezeigten Texten als die geeignetere Variante. Ein solches Vorgehen findet sich auch bei [5, S. 132], wobei in der genannten Quelle 150 unterschiedliche Texte als Vorlagen dienten.

Aufgrund der Bestrebung, möglichst viele unterschiedliche Texte als Vorlage zu verwenden, konnten die Vorlagetexte nicht manuell in der benötigten Stückzahl erstellt werden. Eine große Anzahl an unterschiedlichen Vorlagetexten ist notwendig, um einer Sammlung beliebig von Benutzern eingegebenen Freitexttippproben möglichst zu entsprechen. Die insgesamt 3906 verwendeten Vorlagetexte mit einer jeweiligen Länge von 80 bis 120 Zeichen stammen aus den drei Werken „Wunderbare Reise des kleinen Nils Holgersson mit den Wildgänsen", „Schönsten Geschichten der Lagerlöf" und „Stück Lebensgeschichte" von Selma Lagerlöf. Aus diesen drei Werken wurden Sätze ausgewählt, deren Länge zwischen 80 und 120 Zeichen betragen. Die Wahl fiel auf diese drei Werke, da diese vom Projekt Gutenberg [27] kostenlos in elektronischer Form zum Download angeboten werden. Zusätzlich wiesen diese drei Werke relativ wenige Fachbegriffe oder komplexe Satzstrukturen auf, was das flüssige Tippen begünstigt.

4.4.2 Beschreibung der Datensätze

In diesem Unterabschnitt sollen die sechs im Rahmen dieser Arbeit verwendeten Datensätze beschrieben werden. Dabei wurde auf zwei am Lehrstuhl Bartmann vorhandene Festtextdatenbasen zurückgegriffen. Zusätzlich wurden zwei spezielle Datensammlungen zur Beschaffung von Freitexttippproben vorgenommen. Aus diesen Quellen wurden die insgesamt sechs Datensätze generiert, die in Tabelle 4.1 beschrieben sind.

Datensatz	Festtext-Negative	Festtext-Valid	Freitext-Negative	Freitext-Justier	Freitext-Valid	Hybrid-Valid
Art der Tippproben	Festtext	Festtext	Freitext	Freitext	Freitext	Fest- u. Freitext
Länge der Tippproben	53	53	80-120	80-120	80-120	53 80-120
Anzahl Personen	379	1708	44	103	507	467
Anzahl Tippproben gesamt	10654	39284	1320	3090	10140	7005 9340
durchschn. Tippproben je Benutzer	28	23	30	30	20	15 20
Herkunft Tippproben	Festtext Daten 1	Festtext Daten 2	Freitext Samm. 1	Freitext Samm. 1	Freitext Samm. 2	Freitext Samm. 2

Tabelle 4.1: Übersicht über die verwendeten Datenbasen

Der Datensatz „Festtext-Valid" wird später eingesetzt, um die negative Identifizierung mit Festtext zu analysieren. Der Datensatz „Festtext-Negative" wird angewendet, um Negativbeispiele[2] zur Erstellung der Festtexttemplates bereitzustellen. Die beiden Festtextdatensätze sind im Hinblick auf die Benutzer disjunkt, d. h. einzelne Benutzer haben entweder für den ersten oder für den zweiten Festtextdatensatz Tippproben bereitgestellt.

Mithilfe der ersten Freitextdatensammlung wurden zwei disjunkte Daten-

---

[2]Mit Negativbeispielen sind die Merkmalsvektoren der negativen Klasse beim Training des jeweiligen Zwei-Klassen-Klassifikators gemeint (siehe hierzu [3, S. 137 ff] und Kapitel 6).

sätze erstellt. Der Datensatz „Freitext-Justier" wurde verwendet, um das Freitextverfahren zu entwickeln und einzustellen. Der Datensatz „Freitext-Negative" wird eingesetzt, um Negativbeispiele zur Erstellung der Freitext-templates zu generieren.

Mit der zweiten Freitextdatensammlung wurde der Datensatz „Freitext-Valid" gewonnen. Hierbei werden die 20 Freitexttippproben der 507 Benutzer verwendet. Dieser Datensatz wird eingesetzt, um das entwickelte Freitextverfahren bei der Verifizierung zu evaluieren. Für den Datensatz „Hybrid-Valid" werden die Tippproben der 467 Benutzer aus der zweiten Freitextdatensammlung verwendet, die sowohl die geforderten 20 Freitext-als auch die 15 Festtexttippproben abgegeben haben. Da in diesem Datensatz von jedem Benutzer gleichzeitig Festtext- und Freitexttippproben enthalten sind, wird dieser auch als „Hybrid-Valid" bezeichnet. Dieser wird verwendet, um Festtext- und Freitextverfahren bei der Verifizierung und der negativen Identifizierung zu vergleichen.

5 Merkmalsextraktion

5.1 Mathematische Darstellung der Tippproben

Bevor mit der eigentlichen Merkmalsextraktion begonnen werden kann, müssen die Tippproben zunächst in ein einheitliches Format gebracht werden. Jede Tippprobe besteht aus der Information, wann welche Taste gedrückt und wieder losgelassen wurde.

Somit lässt sich die vorhandene Information für jede Tastenbetätigung als „Tastenaktivität" T darstellen:

$$T = (Tastencode, Zeitgedr\ddot{u}ckt, Zeitlosgelassen) \in \mathbb{N} \times \mathbb{R} \times \mathbb{R} \qquad (5.1)$$

Der jeweilige Zeitwert gibt an, wie viele Millisekunden nach Beginn der Aufzeichnung der Tippprobe das jeweilige Tastenereignis erfolgte. Jede Taste der verwendeten Tastatur muss nummeriert sein.[1] Somit lässt sich mathematisch formuliert jede Tippprobe P, die aus N Zeichen besteht, wie folgt darstellen:

$$P = \begin{pmatrix} T_1 \\ \vdots \\ T_N \end{pmatrix} \in (\mathbb{N} \times \mathbb{R}^2)^N \qquad (5.2)$$

---

[1] Beispielsweise steht bei einer deutschen Tastatur der Tastencode 65 für die Taste „A", der Wert 66 für die Taste „B".

Dabei werden die einzelnen Tastenaktivitäten gemäß ihres „Zeitgedrückt"
Wertes aufsteigend sortiert:

$$T_{i2} < T_{j2} \quad \text{mit} \quad 1 \leq i < j \leq N \tag{5.3}$$

Diese Sortierung entspricht also genau der Reihenfolge, in der die einzelnen
Tasten bei der Erstellung der Tippprobe gedrückt werden. Mithilfe dieser
beschriebenen Vorgehensweisen werden alle Tippproben formatiert, bevor
die eigentliche Merkmalsextraktion vorgenommen wird. Es werden in den
folgenden Abschnitten die 13 Merkmale vorgestellt, die im Rahmen dieser Arbeit die beste Erkennungsleistung ermöglicht haben. Hierbei wurden
sechs Merkmale ohne und sieben mit Kontextabhängigkeit verwendet. Es
wurden im Rahmen dieser Arbeit auch zahlreiche weitere Merkmale als diese
13 untersucht, jedoch konnten diese keine Verbesserung der Erkennungsleistung des Freitextverfahrens bewirken. Daher werden die nicht eingesetzten
Merkmale auch nicht beschrieben.

5.2 Merkmale ohne Kontextbindung

Als erste Merkmalsgruppe sollen in diesem Abschnitt die sechs Merkmale
ohne Kontextbindung präsentiert werden. Ohne Kontextbindung bedeutet
hierbei, dass die einzelnen Beobachtungen unabhängig von den konkreten
Tastencodes betrachtet werden, mit denen sie erzeugt wurden. Die Beobachtungen werden in Form einheitlicher Histogramme abgebildet, die die
relativen Häufigkeiten der einzelnen Beobachtungen wiedergeben. Die prinzipielle Idee zum Einsatz von Histogrammen stammt ursprüglich von [71]
und wird im Rahmen dieser Arbeit erweitert. Hierzu wird für alle sechs
Merkmale die gleiche Vorgehensweise zur Erstellung der Histogramme verwendet, die nun kurz beschrieben werden soll. Für jedes der sechs Merkmale
lässt sich eine Merkmalsabbildung $\mathcal{M}$ definieren:

$$\mathcal{M}: \bigcup_{N\in\mathbb{N}} (\mathbb{N}\times\mathbb{R}^2)^N \xrightarrow{\mathcal{B}} \bigcup_{N\in\mathbb{N}} \mathbb{R}^N \xrightarrow{\mathcal{H}_\mathcal{I}} \mathbb{R}^D \qquad (5.4)$$

Dabei wird die Abbildung $\mathcal{B}$ als Beobachtungsfunktion, die Abbildung $\mathcal{H}_\mathcal{I}$ als Histogrammfunktion bezeichnet. Es sei eine Partition von $\mathbb{R}$ aus dem offenen Intervall I_1 und den linksseitig geschlossenen Intervallen $I_2, ..., I_D$ gegeben durch:

$$\mathbb{R} = \overset{D}{\underset{i=1}{\overset{\bullet}{\bigcup}}} I_i \quad \text{mit} \quad \sup I_i = \inf I_{i+1} \quad \text{für} \quad i = 1, ..., D-1 \qquad (5.5)$$

Für eine derartige Partition wird eine Obergrenze o und eine Untergrenze u definiert durch:

$$u := \sup I_1 \quad \text{und} \quad o := \inf I_D \quad \text{mit} \quad u, o \in \mathbb{R} \qquad (5.6)$$

Die einzelnen Intervalle $I_1, ..., I_D$ werden zusammengefasst als:

$$\mathcal{I} := \{I_1, ..., I_D\} \quad \text{mit} \quad I_i \subset \mathbb{R} \quad \text{für} \quad 1 \le i \le D \qquad (5.7)$$

Eine Histogrammfunktion $\mathcal{H}_\mathcal{I}$ ist definiert durch:

$$\mathcal{H}_\mathcal{I}: \begin{pmatrix} x_1 \\ \vdots \\ x_O \end{pmatrix} \mapsto \begin{pmatrix} m_1 \\ \vdots \\ m_D \end{pmatrix} \quad \text{mit} \quad m_i = \frac{1}{O}\#\{j \in \{1, ..., O\} \mid x_j \in I_i\}$$

$$(5.8)$$

Anschaulich bedeutet dies also, dass die O Beobachtungen auf die D Intervalle verteilt werden. Die m_i geben die relativen Häufigkeiten an, mit denen die O Beobachtungen den D Intervallen zugeordnet werden. Somit gilt, dass sich alle relativen Häufigkeiten zu eins summieren müssen:

$$1 = \sum_{i=1}^{D} m_i \qquad (5.9)$$

Mithilfe dieser Abbildungsvorschrift werden alle sechs nachfolgenden Merkmale generiert. Als Konvention gilt für diese, dass sie die gleiche Bezeichnung haben wie ihre jeweilige Beobachtungsfunktion. Die Histogrammfunktion (5.8) wird für alle Merkmale gleich verwendet.

5.2.1 Haltedauerhistogramm

Als erstes konkretes Merkmal soll der Histogrammvektor auf Basis der Haltedauern beschrieben werden. Eine Tippprobe, bestehend aus N Tastenaktivitäten, ist hierbei die Ausgangssituation (siehe Gleichung (5.2)). Die Beobachtungen werden dabei mit der nachfolgenden Beobachtungsfunktion H_0 gewonnen:

$$H_0 := \begin{pmatrix} T_1 \\ \vdots \\ T_N \end{pmatrix} \mapsto \begin{pmatrix} x_1 \\ \vdots \\ x_N \end{pmatrix} \quad \begin{aligned} &\text{mit} \quad x_i = T_{i3} - T_{i2} \\ &\text{für} \quad 1 \leq i \leq N \end{aligned} \tag{5.10}$$

Anschaulich bedeutet dies, dass die Haltedauern aller Tasten (Zeitlosgelassen - Zeitgedrückt) zur Bildung des Histogrammvektors verwendet werden. Für diese Merkmalsextraktion wird die Abbildungsvorschrift (5.8) herangezogen, wobei die Einstellungen aus Tabelle 5.1 verwendet werden.

5.2.2 Übergangsdauerhistogramme

Die nachfolgenden vier Merkmale basieren auf den Übergangsdauern zwischen zwei aufeinanderfolgenden Tastenaktivitäten. Es lassen sich insgesamt vier verschiedene Arten von Übergangsdauern unterscheiden. Für jede lässt sich ein Histogrammvektor extrahieren. Analog wie bei dem Haltedauerhistogramm wird wieder die Abbildungsvorschrift (5.8) herangezogen. Die jeweils verwendeten Einstellungen finden sich in Tabelle 5.1. Nachfolgend wird jeweils die Beobachtungsfunktion für das Merkmal definiert. Auch hier wird als Ausgangspunkt eine Tippprobe bestehend aus N Tastenaktivitäten $T_1, ..., T_N$ verwendet.

Merkmal U_0^1

Die Beobachtungsfunktion für die erste Übergangsdauer ist definiert durch:

$$U_0^1 := \begin{pmatrix} T_1 \\ \vdots \\ T_N \end{pmatrix} \mapsto \begin{pmatrix} x_1 \\ \vdots \\ x_{N-1} \end{pmatrix} \quad \begin{array}{l} \text{mit} \quad x_i = T_{(i+1)2} - T_{i2} \\ \text{für} \quad 1 \le i \le N - 1 \end{array} \tag{5.11}$$

Hierbei wird also die Differenz zwischen dem Drücken einer Taste und dem Drücken der vorherigen Taste verwendet, um die Beobachtungen zu generieren.

Merkmal U_0^2

Die Beobachtungsfunktion der zweiten Übergangsdauer ist definiert durch:

$$U_0^2 := \begin{pmatrix} T_1 \\ \vdots \\ T_N \end{pmatrix} \mapsto \begin{pmatrix} x_1 \\ \vdots \\ x_{N-1} \end{pmatrix} \quad \begin{array}{l} \text{mit} \quad x_i = T_{(i+1)3} - T_{i2} \\ \text{für} \quad 1 \le i \le N - 1 \end{array} \tag{5.12}$$

Bei dieser Übergangsdauer dient die Differenz aus dem Loslassen einer Taste und dem Drücken der vorherigen Taste als Basis für die Beobachtungen.

Merkmal U_0^3

Bei der dritten Übergangsdauer wird die Beobachtungsfunktion wie folgt definiert:

$$U_0^3 := \begin{pmatrix} T_1 \\ \vdots \\ T_N \end{pmatrix} \mapsto \begin{pmatrix} x_1 \\ \vdots \\ x_{N-1} \end{pmatrix} \quad \begin{array}{l} \text{mit} \quad x_i = T_{(i+1)2} - T_{i3} \\ \text{für} \quad 1 \le i \le N - 1 \end{array} \tag{5.13}$$

Es wird somit die Differenz aus dem Drücken einer Taste und dem Loslassen der vorherigen Taste genutzt, um die Beobachtungen zu generieren.

Merkmal U_0^4

Bei Übergangsdauer vier wird die Beobachtungsfunktion definiert als:

$$U_0^4 := \begin{pmatrix} T_1 \\ \vdots \\ T_N \end{pmatrix} \mapsto \begin{pmatrix} x_1 \\ \vdots \\ x_{N-1} \end{pmatrix} \quad \begin{aligned} &\text{mit} \quad x_i = T_{(i+1)3} - T_{i3} \\ &\text{für} \quad 1 \leq i \leq N-1 \end{aligned} \tag{5.14}$$

Als Grundlage wird also die Differenz zwischen dem Loslassen einer Taste und dem Loslassen der vorherigen Taste verwendet.

5.2.3 Verhältnishistogramm

Auch bei diesem Merkmal dient wieder eine Tippprobe mit N Tastenaktivitäten als Basis. Die Beobachtungsfunktion ist definiert als:

$$V_0 := \begin{pmatrix} T_1 \\ \vdots \\ T_N \end{pmatrix} \mapsto \begin{pmatrix} x_1 \\ \vdots \\ x_{N-1} \end{pmatrix} \quad \begin{aligned} &\text{mit} \quad x_i = \frac{T_{(i+1)2} - T_{i2}}{T_{i3} - T_{i2}} \\ &\text{für} \quad 1 \leq i \leq N-1 \end{aligned} \tag{5.15}$$

Dieses Merkmal gibt somit das Verhältnis von Übergangs- und Haltedauern an.

5.3 Merkmale mit Kontextbindung

Im Folgenden sollen nun die insgesamt sieben Merkmale mit Kontextbindung erläutert werden. Bei jedem der Merkmale ist das Ziel, aus einer beliebigen Tippprobe einen einheitlichen, D dimensionalen Merkmalsvektor zu erzeugen. Hierzu dient die folgende Merkmalsabbildung $\mathcal{M}$:

$$\mathcal{M} : \bigcup_{N \in \mathbb{N}} (\mathbb{N} \times \mathbb{R}^2)^N \xrightarrow{\mathcal{E}} \bigcup_{N \in \mathbb{N}} (\mathbb{N}^K \times \mathbb{R})^N \xrightarrow{\mathcal{A}} \bigcup_{N \in \mathbb{N}} (\mathbb{N}^K \times \mathbb{R})^N \xrightarrow{\mathcal{S}_\nu} \mathbb{R}^D \quad (5.16)$$

Dabei bezeichnet $\mathcal{E}$ die Extraktionsfunktion, die je nach konkretem Merkmal die gewünschte Information aus den Tippproben extrahiert. Die konkrete Wahl der Extraktionsfunktion wird später für jedes einzelne Merkmal im Detail beschrieben.

Bei den sieben Merkmalen wird zusätzlich eine Aggregationsfunktion $\mathcal{A}$ verwendet:

$$\mathcal{A} : \bigcup_{N \in \mathbb{N}} (\mathbb{N}^K \times \mathbb{R})^N \longrightarrow \bigcup_{N \in \mathbb{N}} (\mathbb{N}^K \times \mathbb{R})^N \quad (5.17)$$

Diese Funktion bildet den Mittelwert $\widehat{w}_i$ aus allen Werten, die zu einer identischen Position $\widehat{p}_i$ gehören:

$$\mathcal{A} : \begin{pmatrix} (p_1, w_1) \\ \vdots \\ (p_L, w_L) \end{pmatrix} \mapsto \begin{pmatrix} (\widehat{p}_1, \widehat{w}_1) \\ \vdots \\ (\widehat{p}_M, \widehat{w}_M) \end{pmatrix} \quad (5.18)$$

Dabei sind $\widehat{p}_i, p_j \in \mathbb{N}^K$ und $\widehat{w}_i, w_j \in \mathbb{R}$. Es gilt also für die Abbildungsvorschrift (5.18):

$$\widehat{w}_i = \frac{1}{\#I_i} \sum_{j \in I_i} w_j \quad \text{mit} \quad I_i = \{j \in \{1, ..., L\} \mid p_j = \widehat{p}_i\} \quad (5.19)$$

Dabei bezeichnet man mit I_i die Indexmenge zur Position $\widehat{p}_i$. Die Abbildung

(5.18) wird so gewählt, dass zusätzlich gilt:

$$\forall\, p_j \;\exists\, \widehat{p}_i \quad \text{mit} \quad \widehat{p}_i = p_j \quad \text{und} \quad \widehat{p}_i \neq \widehat{p}_k \; \forall\, i \neq k \in [1, \ldots, M] \qquad (5.20)$$

Die Notation p_j deutet an, dass es identische Positionen innerhalb eines Elementes der Definitionsmenge von A geben kann. Die w_j sind die jeweils zugehörigen Werte.

Mit $\mathcal{S}_\mathcal{V}$ wird die Standardisierungsfunktion bezeichnet. Diese Funktion hat vereinfacht ausgedrückt die Aufgabe, die extrahierten Informationen auf einen einheitlichen, D-dimensionalen Vektor abzubilden. Hierzu wird ein D-dimensionaler Standardvektor $\mathcal{V}$ benötigt. Dieser Vektor bestimmt, welche Positionen γ_i berücksichtigt werden sollen, und hält gleichzeitig Ersatzwerte τ_i bereit, die im Falle fehlender Werte zur Imputation verwendet werden.

$$\mathcal{V} = \begin{pmatrix} (\gamma_1, \tau_1) \\ \vdots \\ (\gamma_D, \tau_D) \end{pmatrix} \in (\mathbb{N}^K \times \mathbb{R})^D \qquad (5.21)$$

Für jedes der sieben Merkmale mit Kontextbindung muss also auch ein geeigneter Standardvektor $\mathcal{V}$ gegeben sein. Auf Basis des Standardvektors ergibt sich die Abbildungsvorschrift für die Standardisierungsfunktion $\mathcal{S}_\mathcal{V}$:

$$\mathcal{S}_\mathcal{V} : \begin{pmatrix} (\widehat{p}_1, \widehat{w}_1) \\ \vdots \\ (\widehat{p}_M, \widehat{w}_M) \end{pmatrix} \mapsto \begin{pmatrix} v_1 \\ \vdots \\ v_D \end{pmatrix} \qquad (5.22)$$

Die einzelnen Komponenten v_i werden dabei wie folgt bestimmt:

$$v_i = \begin{cases} \widehat{w}_j & \text{falls} \quad \exists\, \widehat{p}_j \quad \text{mit} \quad \widehat{p}_j = \gamma_i \\ \tau_i & \text{sonst} \end{cases} \qquad (5.23)$$

Die nötige Eindeutigkeit für Gleichung (5.23) ist durch die Definition der

Aggregationsfunktion $\mathcal{A}$ gegeben:

$$\widehat{p}_i \neq \widehat{p}_k \quad \forall\, i \neq k \in [1, \ldots, M] \tag{5.24}$$

Als letzter Schritt soll nun die konkrete Bestimmung des Standardvektors beschrieben werden. Hierzu benötigt man bei allen sieben Merkmalen mit Kontextbindung eine Menge P_B mit g Benutzertippproben sowie eine Menge P_N mit h Negativtippproben von anderen Benutzern:

$$\begin{aligned} P_B &= \{P_{B_1}, \ldots, P_{B_g}\} \\ P_N &= \{P_{N_1}, \ldots, P_{N_h}\} \end{aligned} \quad \text{mit} \quad P_{B_i}, P_{N_j} \in \bigcup_{N \in \mathbb{N}} (\mathbb{N} \times \mathbb{R}^2)^N \tag{5.25}$$

Abhängig vom konkreten Merkmal wird eine passende Extraktionsfunktion $\mathcal{E}$ benötigt. Durch Anwenden der Extraktionsfunktion $\mathcal{E}$ erhält man eine Menge an Benutzervektoren B wie folgt:

$$B = \{\mathcal{E}(P_{B_1}), \ldots, \mathcal{E}(P_{B_g})\} = \{b_1, \ldots, b_g\}, b_i \in \bigcup_{N \in \mathbb{N}} (\mathbb{N}^K \times \mathbb{R})^N \tag{5.26}$$

Analog wird die Menge an Negativvektoren N bestimmt:

$$N = \{\mathcal{E}(P_{N_1}), \ldots, \mathcal{E}(P_{N_h})\} = \{n_1, \ldots, n_h\}, n_i \in \bigcup_{N \in \mathbb{N}} (\mathbb{N}^K \times \mathbb{R})^N \tag{5.27}$$

Als nächster Schritt soll die Vereinigungsfunktion $\mathcal{U}$ definiert werden:

$$\mathcal{U} : (\bigcup_{N \in \mathbb{N}} (\mathbb{N}^K \times \mathbb{R})^N)^M \longrightarrow \bigcup_{N \in \mathbb{N}} (\mathbb{N}^K \times \mathbb{R})^N \tag{5.28}$$

Diese Funktion fügt gewissermaßen eine Menge von Z Vektoren $v_1, \ldots, v_Z$

zu einem einzigen Vektor zusammen:

$$
\mathcal{U} : \left(\begin{pmatrix} (p_{11}, w_{11}) \\ \vdots \\ (p_{1X}, w_{1X}) \end{pmatrix}, \ldots, \begin{pmatrix} (p_{Z1}, w_{Z1}) \\ \vdots \\ (p_{ZY}, w_{ZY}) \end{pmatrix} \right) \mapsto \begin{pmatrix} (p_{11}, w_{11}) \\ \vdots \\ (p_{1X}, w_{1X}) \\ \vdots \\ (p_{M1}, w_{M1} \\ \vdots \\ (p_{ZY}, w_{ZY}) \end{pmatrix}
\tag{5.29}
$$

Mithilfe der Vereinigungsfunktion $\mathcal{U}$ und der Aggregationsfunktion $\mathcal{A}$ kann nun der Mittelwertvektor für den Benutzer $\overline{B}$ und der Mittelwertvektor für die Negativbeispiele $\overline{N}$ bestimmt werden:

$$
\overline{B} = \begin{pmatrix} (\gamma_{B_1}, \tau_{B_1}) \\ \vdots \\ (\gamma_{B_b}, \tau_{B_b}) \end{pmatrix} = \mathcal{A}(\mathcal{U}(B)); \quad \overline{N} = \begin{pmatrix} (\gamma_{N_1}, \tau_{N_1}) \\ \vdots \\ (\gamma_{N_n}, \tau_{N_n}) \end{pmatrix} = \mathcal{A}(\mathcal{U}(N))
\tag{5.30}
$$

Als letzter Schritt, um den Standardvektor $\mathcal{V}$ zu erhalten, wird nun gewissermaßen die Schnittmenge aus $\overline{B}$ und $\overline{N}$ gebildet. Dabei hat der Standardvektor die Gestalt aus Gleichung (5.21). Es werden nur Positionen γ_i verwendet, die in $\overline{B}$ und $\overline{N}$ vorkommen:

$$
\{\gamma_1, \ldots, \gamma_D\} = \{\gamma_{B_1}, \ldots, \gamma_{B_b}\} \cap \{\gamma_{N_1}, \ldots, \gamma_{N_n}\}
\tag{5.31}
$$

Die einzelnen Werte τ_i werden als Mittelwert aus $\overline{B}$ und $\overline{N}$ gewonnen:

$$
\tau_i = \frac{1}{2}(\tau_{B_j} + \tau_{N_k}) \quad \text{mit} \quad \gamma_i = \gamma_{B_j} \quad \text{und} \quad \gamma_i = \gamma_{N_k}
\tag{5.32}
$$

Mithilfe der beschriebenen Vorgehensweise wird für alle sieben Merkmale der Standardvektor $\mathcal{V}$ gebildet. Einzig die Extraktionsfunktion ist bei jedem der sieben Merkmale unterschiedlich. Die jeweilige Wahl dieser Funktion ist im Folgenden für die einzelnen Merkmale erläutert. Um die Komplexität der mathematischen Darstellung zu begrenzen, wurde beschrieben, dass die vereinigten Benutzervektoren $\mathcal{U}(B)$ in Gleichung (5.30) mithilfe der Aggregationsfunktion $\mathcal{A}$ zusammengefasst werden. Es hat sich jedoch als besser im Hinblick auf die Trennschärfe gezeigt, bei dem vereinigten Benutzervektor $\mathcal{U}(B)$ nur Positionen zu berücksichtigen, die mit einer gewissen Häufigkeit beobachtet werden konnten. Positionen, die nicht mit dieser Häufigkeit beobachtet wurden, werden nicht verwendet. Dieser Wert für die geforderte Häufigkeit wurde heuristisch durch Testen der resultierenden Trennschärfe des einzelnen Merkmales gefunden.

5.3.1 Haltedauern

Im Rahmen dieser Arbeit wurden insgesamt drei Merkmale auf Basis von Haltedauern gefunden, die jeweils eine Verbesserung der Klassifikationsleistung bewirken konnten.

Haltedauerhistogramm mit eindimensionaler Kontextbindung

Bei diesem Merkmal wird zunächst für jede der N einzelnen Tastenaktivitäten $T_1, \ldots, T_N$ ein separates, D-dimensionales Histogramm aus Haltedauern erstellt. Natürlich hat zunächst jedes der N Histogramme $D - 1$ mal den Wert 0, und einmal den Wert 1. Durch die später angewendete Aggregationsfunktion A werden alle Histogramme zum selben Tastencode sinnvoll zusammengefasst. Die Extraktionsfunktion lautet hierfür:

$$H_1^{\mathcal{H}} := \begin{pmatrix} T_1 \\ \vdots \\ T_N \end{pmatrix} \mapsto \begin{pmatrix} ((T_{11}, 1), \mathcal{H}M_{11}) \\ \vdots \\ ((T_{11}, D), \mathcal{H}M_{1D}) \\ \vdots \\ ((T_{N1}, 1), \mathcal{H}M_{N1}) \\ \vdots \\ ((T_{N1}, D), \mathcal{H}M_{ND}) \end{pmatrix} \tag{5.33}$$

Hierzu wird die sogenannte Histogrammmatrix $\mathcal{H}M$ verwendet:

$$\mathcal{H}M = \begin{pmatrix} [\mathcal{H}_{\mathcal{I}}(T_{13} - T_{12})]_1 & \cdots & [\mathcal{H}_{\mathcal{I}}(T_{13} - T_{12})]_D \\ \vdots & \ddots & \vdots \\ [\mathcal{H}_{\mathcal{I}}(T_{N3} - T_{N2})]_1 & \cdots & [\mathcal{H}_{\mathcal{I}}(T_{N3} - T_{N2})]_D \end{pmatrix} \in \mathbb{R}^{N \times D} \tag{5.34}$$

Die verwendete Histogrammfunktion $H_{\mathcal{I}}$ ist durch die Abbildungsvorschrift (5.8) beschrieben. Für das Merkmal Haltedauerhistogramm mit eindimensionaler Kontextbindung hat sich die Verwendung von folgenden Parametern bzw. Intervallen $\mathcal{I}$ für die Histogrammfunktion $H_{\mathcal{I}}$ als besonders günstig erwiesen:

$$u = 0 \quad o = 500 \quad D = 52 \quad |I_i| = |I_j| \text{ für } i, j = 2, ..., (D-1) \tag{5.35}$$

Dabei sind die Zeitwerte für u und o jeweils in Millisekunden zu verstehen.

Haltedauern mit eindimensionaler Kontextbindung

An dieser Stelle sollen die Haltedauern mit eindimensionaler Kontextbindung erläutert werden. Hierzu wird folgende Extraktionsfunktion H_1^M verwendet:

$$H_1^M := \begin{pmatrix} T_1 \\ \vdots \\ T_N \end{pmatrix} \mapsto \begin{pmatrix} (T_{11}, T_{13} - T_{12}) \\ \vdots \\ (T_{N1}, T_{N3} - T_{N2}) \end{pmatrix} \tag{5.36}$$

Die eindimensionale Kontextbindung kommt also dadurch zustande, dass zu jeder Haltedauer $T_{i3} - T_{i2}$ der entsprechende Tastencode T_{i1} angegeben wird.

Haltedauern mit zweidimensionaler Kontextbindung

Ebenso kann man die Haltedauern auch als Merkmal mit zweidimensionaler Kontextbindung darstellen. Es wird hierfür die Extraktionsfunktion H_2^M verwendet:

$$H_2^M := \begin{pmatrix} T_1 \\ \vdots \\ T_N \end{pmatrix} \mapsto \begin{pmatrix} ((T_{11}, T_{21}, 1), T_{13} - T_{12}) \\ ((T_{11}, T_{21}, 2), T_{23} - T_{22}) \\ \vdots \\ ((T_{(N-1)1}, T_{N1}, 1), T_{(N-1)3} - T_{(N-1)2}) \\ ((T_{(N-1)1}, T_{N1}, 2), T_{N3} - T_{N2}) \end{pmatrix} \tag{5.37}$$

Die zweidimensionale Kontextbindung wird realisiert, indem für jeweils zwei aufeinanderfolgende Tastenereignisse $T_i, T_{(i+1)}$ die zugehörigen Haltedauern $T_{i3} - T_{i2}, T_{(i+1)3} - T_{(i+1)2}$ angegeben werden. Die Werte „1" und „2" in den Positionen zeigen an, dass es sich jeweils um die erste oder zweite Komponente der zweidimensionalen Haltedauer handelt.

5.3.2 Übergangsdauern

Es wurden insgesamt drei Merkmale auf Basis von Übergangsdauern gefunden, die sich im Rahmen dieser Arbeit als geeignet erwiesen haben. Diese werden nachfolgend erläutert.

Übergangsdauern mit eindimensionaler Kontextbindung

Als erstes sollen die Übergangsdauern mit eindimensionaler Kontextbindung erläutert werden. Hierzu wird folgende Extraktionsfunktion U_1^M verwendet:

$$U_1^M := \begin{pmatrix} T_1 \\ \vdots \\ T_N \end{pmatrix} \mapsto \begin{pmatrix} ((T_{11}, 1), T_{22} - T_{12}) \\ ((T_{21}, 2), T_{22} - T_{12}) \\ \vdots \\ ((T_{(N-1)1}, 1), T_{N2} - T_{(N-1)2}) \\ ((T_{N1}, 2), T_{N2} - T_{(N-1)2}) \end{pmatrix} \tag{5.38}$$

Es stellt sich bei der Konstruktion von eindimensionalen Übergangsdauern die Frage, ob man als Position zu einer Übergangsdauer den Tastencode der Ausgangs- oder der Endtaste verwenden sollte. Es hat sich als die beste Lösung im Hinblick auf die Trennschärfe erwiesen, wenn man beide Möglichkeiten miteinander kombiniert. Deshalb wird jede Übergangsdauer $T_{i2} - T_{(i-1)2}$ doppelt berücksichtigt, indem einmal der Tastencode der Ausgangstaste $(T_{(i-1)1}, 1)$ und einmal jener der Endtaste $(T_{i1}, 2)$ angetragen wird. Dabei symbolisiert „1", dass es sich um den Tastencode einer Ausgangstaste handelt, die „2" steht entsprechend für die Endtaste.

Übergangsdauern mit zweidimensionaler Kontextbindung

Etwas intuitiver verständlich sind die Übergangsdauern mit zweidimensionaler Kontextbindung. Als Extraktionsfunktion dient hierbei U_2^M:

$$U_2^M := \begin{pmatrix} T_1 \\ \vdots \\ T_N \end{pmatrix} \mapsto \begin{pmatrix} ((T_{11}, T_{21}), T_{22} - T_{12}) \\ \vdots \\ ((T_{(N-1)1}, T_{N1}), T_{N2} - T_{(N-1)2}) \end{pmatrix} \tag{5.39}$$

Die zweidimensionale Kontextbindung wird erreicht, indem zu jeder Übergangsdauer $T_{i2} - T_{(i-1)2}$ der Tastencode der Ausgangs- und der Endtaste des Übergangs als Position $(T_{(i-1)1}, T_{i1})$ angegeben wird.

Übergangsdauern mit dreidimensionaler Kontextbindung

Als drittes Merkmal auf Basis von Übergangsdauern soll nun jenes mit drei-dimensionaler Kontextbindung erläutert werden. Als Extraktionsfunktion dient hierbei:

$$
U_3^M := \begin{pmatrix} T_1 \\ \vdots \\ T_N \end{pmatrix} \mapsto \begin{pmatrix} ((T_{11}, T_{21}, T_{31}, 1), T_{22} - T_{12}) \\ (T_{11}, T_{21}, T_{31}, 2), T_{32} - T_{22}) \\ \vdots \\ ((T_{(N-2)1}, T_{(N-1)1}, T_{N1}, 1), T_{(N-1)2} - T_{(N-2)2}) \\ ((T_{(N-2)1}, T_{(N-1)1}, T_{N1}, 2), T_{N2} - T_{(N-1)2}) \end{pmatrix}
\tag{5.40}
$$

Bei Übergangsdauern mit dreidimensionaler Kontextbindung werden die zwei Übergangsdauern $T_{(i-1)2} - T_{(i-2)2}$ und $T_{i2} - T_{(i-1)2}$ betrachtet, die zwischen drei Tastenaktivitäten T_{i-2}, T_{i-1} und T_i beobachtet werden können. Die Position $(T_{(i-2)1}, T_{(i-1)1}, T_{i1}, 1)$ gibt an, dass es sich um die erste Übergangsdauer $T_{(i-1)2} - T_{(i-2)2}$ handelt. Dies wird durch den Positionswert „1" gekennzeichnet. Entsprechend gibt die Position $(T_{(i-2)1}, T_{(i-1)1}, T_{i1}, 2)$ an, dass es sich um die zweite Übergangsdauer $T_{i2} - T_{(i-1)2}$ handelt. Der Positionswert „2" kennzeichnet entsprechend die zweite Übergangsdauer.

5.3.3 Verhältnisse

Im Rahmen dieser Arbeit werden Verhältnisse mit zweidimensionaler Kontextbindung verwendet. Verhältnisse mit einer anderen Kontextabhängigkeit konnten keine Verbesserung der Gesamttrennschärfe des Verfahrens bewirken. Für die Verhältnisse mit zweidimensionaler Kontextbindung wird die Extraktionsfunktion V_2^M verwendet:

$$V_2^M := \begin{pmatrix} T_1 \\ \vdots \\ T_N \end{pmatrix} \mapsto \begin{pmatrix} ((T_{11}, T_{21}, 1), \frac{T_{22}-T_{12}}{T_{13}-T_{12}}) \\ ((T_{11}, T_{21}, 2), \frac{T_{22}-T_{12}}{T_{23}-T_{22}}) \\ \vdots \\ ((T_{(N-1)1}, T_{N1}, 1), \frac{T_{N2}-T_{(N-1)2}}{T_{(N-1)3}-T_{(N-1)2}}) \\ ((T_{(N-1)1}, T_{N1}, 2), \frac{T_{N2}-T_{(N-1)2}}{T_{N3}-T_{N2}}) \end{pmatrix} \tag{5.41}$$

Bei den Verhältnissen mit zweidimensionaler Kontextbindung wird der Quotient aus Übergangsdauern und Haltedauern bei zwei hintereinander erfolgten Tastenaktivitäten T_{i-1} und T_i betrachtet. Es gibt hierbei jedoch die Möglichkeit, die Haltedauer der Tastenaktivität T_{i-1} oder T_i zu verwenden, d. h. $T_{(i-1)3}-T_{(i-1)2}$ oder $T_{i3}-T_{i2}$. Es hat sich gezeigt, dass die beste Trennschärfe erreicht werden kann, wenn beide Möglichkeiten gleichzeitig genutzt werden. Daher wird mit der Position $(T_{(i-1)1}, T_{i1}, 1)$ gekennzeichnet, dass die Haltedauer der Tastenaktivität T_{i-1} verwendet wird. Entsprechend gibt $(T_{(i-1)1}, T_{i1}, 2)$ die Verwendung der Haltedauer der Tastenaktivität T_i an.

5.4 Trennschärfe der Merkmale

Nachdem die im Rahmen dieser Arbeit verwendeten Merkmale beschrieben sind, soll die jeweilige Trennschärfe der einzelnen Merkmale untersucht werden. Zuerst werden die sechs Merkmale ohne Kontextbindung betrachtet. Danach werden die sieben Merkmale mit Kontextbindung analysiert. Als dritter Schritt soll aufgezeigt werden, welche Trennschärfe die beiden Merkmalsgruppen jeweils erreichen, wenn die einzelnen Merkmale kombiniert eingesetzt werden.

Bei allen Simulationen, die den nachfolgend dargestellten DET Kurven zugrunde liegen, wird dabei das erst später beschriebene Testdesign aus Abschnitt 7.1 verwendet. Als Datengrundlage dient jeweils der Datensatz „Freitext-Justier". Es werden hierfür die in Tabelle 6.2 beschriebenen „Standardparameter" verwendet. Bei der Analyse der einzelnen Merkmale wird nur das jeweils betrachtete Merkmal $\mathcal{M}_i$ in Kombination mit einem Klassifikator K_i untersucht, siehe hierzu Abschnitt 6.2.

5.4.1 Trennschärfe der Merkmale ohne Kontextbindung

In diesem Unterabschnitt sind die im Rahmen dieser Arbeit verwendeten Parametereinstellungen für die sechs Merkmale ohne Kontextbindung dargestellt und in Tabelle 5.1 zusammengefasst. Es werden hierbei jeweils die Parameter verwendet und angegeben, die die beste Erkennungsleistung auf dem Einstellungsdatensatz „Freitext-Justier" ermöglichen. Zur Bestimmung der Klassifikationsleistung werden die Standardparameter eingesetzt, d. h. es werden 15 Tippproben mit Länge 100 Zeichen als Enrolment, sowie eine Tippprobe mit Länge 100 zur Verifizierung verwendet. Hierbei wurden die Einstellungen (u, o, D) des aktuell untersuchten Merkmals variiert, bis eine minimale EER erreicht wurde. Diese EER ist in Tabelle 5.1 für jedes Merkmal angegeben.

Merkmal	H_0	U_0^1	U_0^2	U_0^3	U_0^4	V_0
Beobachtungsfunktion $\mathcal{B}$	(5.10)	(5.11)	(5.12)	(5.13)	(5.14)	(5.15)
Histogrammfunktion $\mathcal{H}_\mathcal{I}$	(5.8)	(5.8)	(5.8)	(5.8)	(5.8)	(5.8)
$\mathcal{H}_\mathcal{I}$ mit Untergrenze u	0	0	0	0	0	0
$\mathcal{H}_\mathcal{I}$ mit Obergrenze o	500	500	500	500	500	5
$\mathcal{H}_\mathcal{I}$ mit Dimension D	502	502	502	502	502	52
$\mathcal{H}_\mathcal{I}$ mit Intervallen $\mathcal{I}$	äquidistant, d. h. $|I_i| = |I_j|$ mit $i,j = 2,...,D-1$					
EER [%]	3,0	8,0	7,6	7,1	6,9	15,0

Tabelle 5.1: Merkmale ohne Kontextbindung

Tabelle 5.1 listet für die sechs Merkmale die verwendeten Einstellungen auf, mit denen die angegebene minimale EER erreicht werden konnte. Da-

bei wurde zur Bestimmung der besten Parameter jedes Merkmales folgende
Vorgehensweise gewählt: Das im Kapitel 6 erläuterte Freitextverfahren wurde dahingehend modifiziert, dass nur das aktuell zu untersuchende Merkmal
zur Klassifikation verwendet wurde (anstatt aller 13 Merkmale).

Dabei sei erwähnt, dass die Angabe der Obergrenze o und der Untergrenze
u für alle Merkmale in Millisekunden zu verstehen ist. Einzige Ausnahme
ist das Merkmal V_0, hierbei sind die Angaben als einfache Zahlenwerte zu
verstehen[2]. Abbildung 5.1 zeigt die DET Kurven der einzelnen Merkmale
bei Verwendung der angegeben Einstellungen.

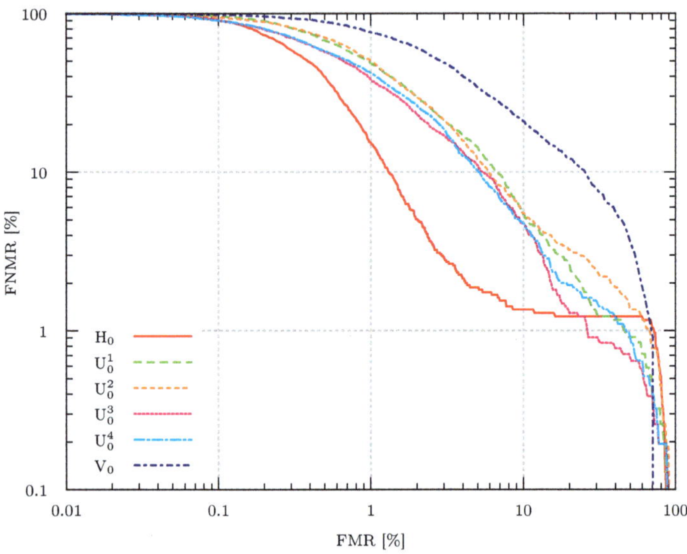

Abbildung 5.1: Erkennungsleistung der Merkmale ohne Kontextbindung

Das Merkmal mit der besten Klassifikationsleistung stellt H_0 mit einer EER
von 3,0% dar. Es fällt auf, dass die vier Merkmale auf Basis der Übergangsdauern (U_0^1, U_0^2, U_0^3, U_0^4) alle eine ähnliche Klassifikationsleistung erbringen

---

[2]Die Beobachtungen sind hier ohne Einheiten, da diese jeweils das Verhältnis zweier
Zeitdifferenzen angeben.

(6,9% bis 8,0% EER). Dies ist dadurch zu erklären, dass diese vier Merkmale jeweils sehr ähnliche Beobachtungsfunktionen verwenden. Das Merkmal V_0 erreicht mit einer EER von 15,0% die geringste Trennschärfe. Dennoch hat es sich als sinnvolles Merkmal erwiesen, d. h. die Klassifikationsleistung des Gesamtverfahrens verbessert sich bei Hinzunahme des Merkmals V_0. Es sei an dieser Stelle erwähnt, dass noch weitere Merkmale ohne Kontextbindung untersucht worden sind. Diese konnten jedoch bei Hinzunahme zu den 13 verwendeten Merkmalen keine Verbesserung der Klassifikationsleistung erbringen. Daher werden diese weiteren Merkmale auch nicht näher beschrieben.

5.4.2 Trennschärfe der Merkmale mit Kontextbindung

An dieser Stelle werden die Einstellungen und die Erkennungsleistungen der sieben Merkmale mit Kontextbindung dargestellt. In Abbildung 5.2 sind die DET Kurven der einzelnen Merkmale angetragen. In Tabelle 5.2 sind für jedes Merkmal die verwendete Extraktions-, Aggregations- und Standardisierungsfunktion angegeben. Wie bereits zuvor erwähnt, unterscheiden sich die Merkmale allein durch die Art der Extraktionsfunktion. Die Aggregation und Standardisierung läuft bei allen Merkmalen mit Kontextbindung gleich ab. Zusätzlich ist in der Tabelle die EER für jedes Merkmal angegeben.

Merkmal	$H_1^{\mathcal{H}}$	H_1^M	H_2^M	U_1^M	U_2^M	U_3^M	V_2^M
Extraktions-funktion $\mathcal{E}$	(5.33)	(5.36)	(5.37)	(5.38)	(5.39)	(5.40)	(5.41)
Aggregations-funktion $\mathcal{A}$	(5.18)	(5.18)	(5.18)	(5.18)	(5.18)	(5.18)	(5.18)
Standard.-funktion $\mathcal{S_V}$	(5.22)	(5.22)	(5.22)	(5.22)	(5.22)	(5.22)	(5.22)
EER [%]	6,9	10,3	10,6	14,8	8,7	10,5	7,2

Tabelle 5.2: Merkmale mit Kontextbindung

Das Merkmal $H_1^{\mathcal{H}}$ erreicht die beste Trennschärfe mit einer EER von 6,9% und ist somit dem Merkmal H_1^M mit einer EER von 10,3% deutlich überlegen. Das bedeutet also, dass bei der Verwendung von Haltedauern mit eindimensionaler Kontextbindung ein separates Histogramm für jeden Tastencode bessere Ergebnisse liefert als ein einfacher Mittelwert. Die Haltedauern mit zweidimensionaler Kontextbindung H_2^M erreichen eine Trennschärfe von 10,6% und sind somit vergleichbar gut wie die eindimensionalen H_1^M. Bei den Übergangsdauern zeigt sich, dass die eindimensionalen, also U_1^M, mit einer EER von 14,8% die geringste Erkennungsleistung erreichen. Die zweidimensionalen U_2^M erreichen die beste EER mit 8,7%, die dreidimensionalen U_3^M erreichen 10,5%. Die Verhältnisse mit zweidimensionaler Kontextbindung V_2^M erreichen mit 7,2% EER die zweitbeste Trennschärfe. Es hat sich jedoch gezeigt, dass das Konzept von mehreren tastencodeabhängigen Histogrammen bei anderen Merkmalen keine Verbesserung der Gesamttrennschärfe ermöglicht.

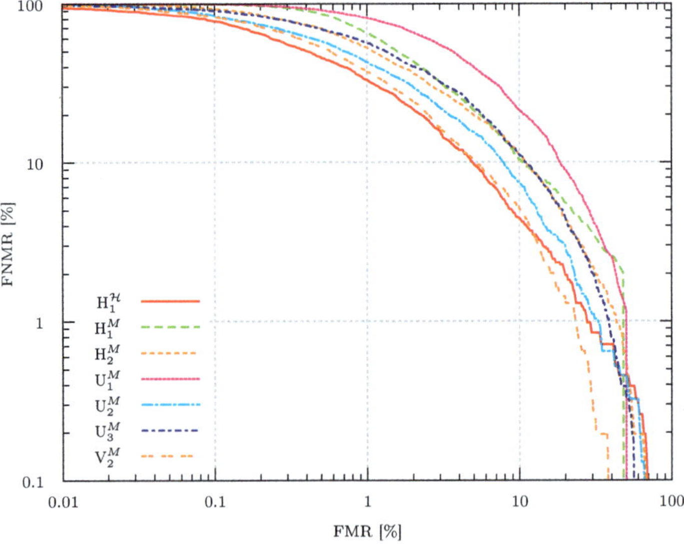

Abbildung 5.2: Erkennungsleistung der Merkmale mit Kontextbindung

Es wurden im Rahmen dieser Arbeit noch zahlreiche weitere Merkmale mit Kontextbindung untersucht. Es hat sich jedoch gezeigt, dass diese weiteren Merkmale keine Verbesserung der Gesamttrennschärfe des Verfahrens bewirken konnten. Daher werden diese weiteren Merkmale nicht näher betrachtet.

5.4.3 Trennschärfe bei Kombination der Merkmale

In diesem Unterabschnitt wird die Trennschärfe bei gleichzeitiger Verwendung aller 13 Merkmale untersucht. Hierbei wird wiederum der in Tabelle 4.1 beschriebene Datensatz „Freitext-Justier" sowie die Standardparameter aus Tabelle 6.2 verwendet. In Abbildung 5.3 sind drei DET Kurven skizziert. Die erste zeigt die Trennschärfe bei gleichzeitiger Verwendung der sechs Merkmale ohne Kontextbindung.

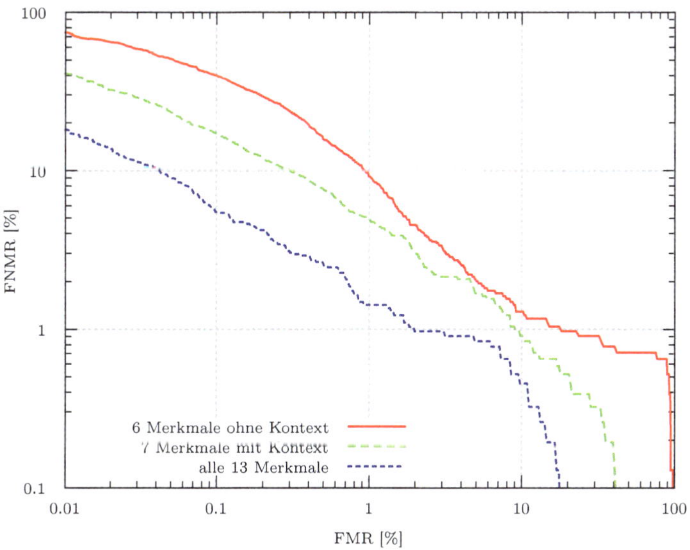

Abbildung 5.3: Erkennungsleistung der Merkmalsgruppen

Die zweite Kurve beschreibt dies bei gleichzeitiger Verwendung der sieben Merkmale mit Kontextbindung. Die dritte Kurve gibt die Trennschärfe bei gleichzeitiger Verwendung aller 13 Merkmale an. Bei Betrachtung der drei Kurven fällt auf, dass die sechs Merkmale ohne Kontextbindung generell eine schlechtere Erkennungsleistung als die sieben Merkmale mit Kontextbindung erzielen. Dennoch bewirkt die gleichzeitige Verwendung aller Merkmale nochmals eine deutliche Steigerung der Erkennungsleistung. So resultiert die alleinige Verwendung von kontextunabhängigen Merkmalen bei einer FMR von 0,1% in einer FNMR von ca. 40%. Die kontextabhängigen Merkmale erreichen bei gleicher FMR eine FNMR von ca. 17%. Die Kombination jedoch erzielt bei gleicher FMR eine FNMR von 5,5%. Somit zeigt sich, dass es sinnvoll ist, gleichzeitig Merkmale mit und ohne Kontextbindung zu verwenden.

6 Aufbau des Verfahrens

6.1 Grundlagen der Support Vector Machine

Bevor der Aufbau des neu entwickelten Freitextverfahrens im Detail beschrieben wird, soll an dieser Stelle zunächst eine kompakte Einführung in die Theorie Support Vector Machine (SVM) erfolgen, da dieser Klassifikator im Rahmen dieser Arbeit verwendet wird. Als Basis für die Beschreibungen und Herleitungen in diesem Abschnitt dienen [18], [55], [73] und insbesondere [15].

In diesem Abschnitt wird die Klassifikation bei einem sogenannten Zweiklassenproblem erläutert. Die Aufgabe eines Klassifikators f ist es demnach, für einen Vektor $\vec{x}$ die (möglichst) korrekte Klassenzugehörigkeit anzugeben:

$$f : \mathbb{R}^D \mapsto \pm 1 \tag{6.1}$$

Dabei bezeichnet man mit $+1$ die Zugehörigkeit zur positiven Klasse und mit -1 die zur negativen Klasse. Bevor ein Klassifikator sinnvoll klassifizieren kann, muss dieser meist trainiert werden[1], d. h. die konkrete Abbildungsvorschrift aus Definition (6.1) wird anhand sogenannter Trainingsdaten $\mathcal{T}$ festgelegt [55]:

$$\mathcal{T} - \{(\vec{x}_1, y_1), \dots, (\vec{x}_n, y_n)\} \quad \text{mit} \quad (\vec{x}_l, y_l) \in \mathbb{R}^D \times \{\pm 1\} \tag{6.2}$$

Die $\vec{x}_i$ bezeichnet man als Beobachtung, die y_i als zugehöriges Label. Es finden sich aber auch zahlreiche, alternative Bezeichungen in der Litera-

---

[1] Es gibt auch Klassifikatoren, bei denen kein Training erforderlich bzw. möglich ist.

tur für diese beiden Begriffe. Die Trainingsdaten $\mathcal{T}$ sind eine Menge von n Paaren aus Beobachtungen und Labeln. Das Grundprinzip der SVM besteht darin, dass zwischen den Beobachtungen der positiven und negativen Klasse eine Trennfläche berechnet wird, die die beiden Klassen bestmöglich voneinander abgrenzt.

Für die folgenden Betrachtungen soll $<,>$ das Standard-Skalarprodukt bezeichnen:

$$< \vec{a}, \vec{b} > := \sum_{i=1}^{D} a_i b_i \quad \text{mit} \quad \vec{a}, \vec{b} \in \mathbb{R}^D \tag{6.3}$$

6.1.1 Lineare SVM mit linear separierbaren Daten

Es wird analog zu [15] zunächst der einfachste Fall der SVM behandelt. Dabei wird eine Ebene als Trennfläche verwendet. Zudem sollen die Trainingsdaten so beschaffen sein, dass diese linear separierbar sind, d. h. dass Ebenen existieren, die die Trainingsdaten ohne Fehlklassifikationen trennen können. Die Abgrenzung der zwei Klassen erfolgt derart, dass der Abstand, die sogenannte Margin, maximal wird. Abbildung 6.1 zeigt diese Situation. Die Beobachtungen der positiven Klasse sind mit „+", die der negativen Klasse mit „-" Symbolen eingezeichnet. Diese Trennfläche soll zunächst linear sein, d. h. eine Ebene E_0 beschreiben. Dabei bezeichnet $\vec{w}$ den Normalenvektor der Ebene und b das Translationsskalar. Die Ebenen E_{-1}, E_0 und E_{+1} sind ähnlich wie bei [55] definiert als:

$$E_k := \{\vec{x} \in \mathbb{R}^D \,|< \vec{x}, \vec{w} > + b = k\} \quad \text{mit} \quad k \in \{-1, 0, 1\} \tag{6.4}$$

Beobachtungen, die oberhalb der Ebene E_0 liegen, werden der positiven Klasse zugeordnet, alle anderen Beobachtungen entsprechend der negativen Klasse. Dabei soll „oberhalb" den Halbraum bezeichnen, in den der Normalenvektor $\vec{w}$ zeigt. Die SVM als binärer Klassifikator nimmt somit folgende Gestalt an [73, S. 11]:

$$f(\vec{x}) \mapsto \text{sgn}(< \vec{x}, \vec{w} > + b) \tag{6.5}$$

Dabei bezeichnet sgn(x) die Signumfunktion:

$$\text{sgn}(x) := \begin{cases} +1, & \text{für} \quad x \geq 0 \\ -1, & \text{sonst} \end{cases} \tag{6.6}$$

Es stellt sich nun die Frage, wie man $\vec{w}$ und b aus den Trainingsdaten bestimmen kann. Mathematisch gesehen steht man vor einem Optimierungsproblem mit Nebenbedingungen.

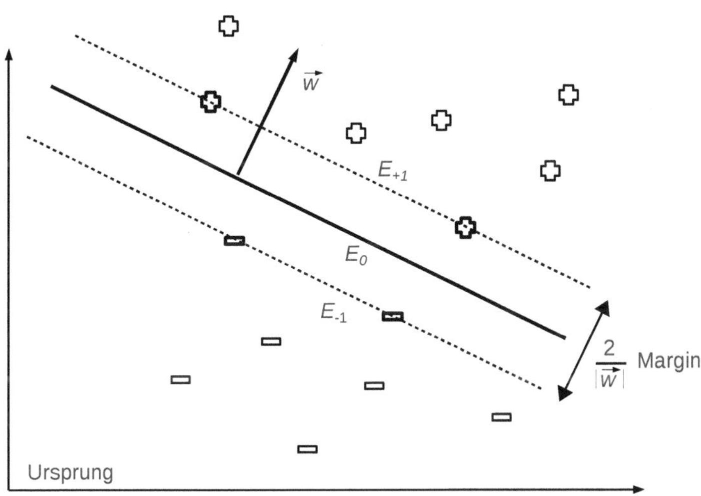

Abbildung 6.1: Lineare SVM bei linear separierbarem Problem (in Anlehnung an [15])

Wie bereits erwähnt, soll die Margin $2/\parallel \vec{w} \parallel$ maximal werden. Dies ist gleichbedeutend damit, $\parallel \vec{w} \parallel^2/2$ zu minimieren. Wie in Abbildung 6.1 gut zu erkennen ist, liegt zwischen den Ebenen E_{+1} und E_{-1} keine Beobachtung. Es ist naheliegend, dass sich aus dieser Forderung folgende Nebenbedingungen ergeben, die sich unter anderem bei [18] finden lassen:

$$
\begin{aligned}
< \vec{x_i}, \vec{w} > +b \geq +1 \quad \text{für} \quad y_i = +1 \\
< \vec{x_i}, \vec{w} > +b \leq -1 \quad \text{für} \quad y_i = -1
\end{aligned}
\tag{6.7}
$$

Die Nebenbedingungen aus (6.7) lassen sich wie folgt zusammenfassen [18]:

$$
y_i(< \vec{x_i}, \vec{w} > +b) - 1 \geq 0 \quad \forall\, (\vec{x_i}, y_i) \in \mathcal{T}
\tag{6.8}
$$

Um dieses Optimierungsproblem lösen zu können, werden zuerst n sogenannte Lagrange-Multiplikatoren $\alpha_i \geq 0$ eingeführt, wobei für jede der n Nebenbedingungen aus (6.8) jeweils ein α_i benötigt wird [15]. Die Nebenbedingungen aus (6.8) werden entsprechend modifiziert:

$$
\alpha_i(y_i(< \vec{x_i}, \vec{w} > +b) - 1) = 0 \quad \forall\, (\vec{x_i}, y_i) \in \mathcal{T}
\tag{6.9}
$$

Mithilfe der Lagrange-Theorie wird die Lagrangefunktion L_p bestimmt: Die Nebenbedingungen (6.8) werden mit positiven Lagrange-Multiplikatoren α_i multipliziert (6.9) und von der eigentlich zu optimierenden Größe $\| \vec{w} \|^2 / 2$ subtrahiert [15]:

$$
L_p := \frac{1}{2} \| \vec{w} \|^2 - \sum_{i=1}^{n} \alpha_i y_i(< \vec{x_i}, \vec{w} > +b) + \sum_{i=1}^{n} \alpha_i
\tag{6.10}
$$

Diese Lagrangefunktion L_p ist nun bezüglich $\vec{w}$ und b zu minimieren [15]. Die entsprechende Ableitung nach $\vec{w}$ ergibt nach [73, S. 13] die nachfolgende Gleichung:

$$
\frac{\partial}{\partial \vec{w}} L_p \stackrel{!}{=} 0 \quad \Rightarrow \vec{w} = \sum_{i=1}^{n} \alpha_i y_i \vec{x_i}
\tag{6.11}
$$

Die Ableitung von L_p nach b ergibt nach [73, S. 13] entsprechend:

$$
\frac{\partial}{\partial b} L_p \stackrel{!}{=} 0 \quad \Rightarrow 0 = \sum_{i=1}^{n} \alpha_i y_i
\tag{6.12}
$$

Die beiden Gleichungen (6.11) und (6.12) werden in die Gleichung für L_p

(6.10) eingesetzt [15]. Dadurch erhält man gemäß derselben Quelle die Lagrangefunktion L_d:

$$L_d := \sum_{i=1}^{n} \alpha_i - \frac{1}{2} \sum_{i,j=1}^{n} \alpha_i \alpha_j y_i y_j < \vec{x_i}, \vec{x_j} > \qquad (6.13)$$

Die beiden Lagrangefunktionen L_p und L_d werden durch die Indizes p für „primal" und d für „dual" unterschieden. Diese Notation wurde aus [15] übernommen. Die Lagrangefunktion L_d ist bezüglich der α_i zu maximieren, wobei folgende Nebenbedingungen bei der Bestimmung der n einzelnen α_i eingehalten werden müssen [15]:

$$\sum_{i=1}^{n} \alpha_i y_i = 0 \quad \text{und} \quad \alpha_i \geq 0 \quad \forall i \qquad (6.14)$$

Mithilfe von Gleichung (6.13) und Nebenbedingungen (6.14) ist das Optimierungsproblem in eine Form überführt, in der es sich leichter lösen lässt als das ursprüngliche Problem [15]. Für die Bestimmung der Lösung von (6.13) können bekannte numerische Methoden eingesetzt werden.

In aller Regel ist ein großer Teil der $\alpha_i = 0$. Beobachtungen $\vec{x_i}$, deren zugehöriges α_i größer als Null ist, werden als Supportvektoren bezeichnet [73, S. 14]. Graphisch gesehen sind dies genau jene Punkte, die die Trennebene E_0 definieren bzw. auf den Ebenen E_{+1} oder E_{-1} liegen [15]. In Abbildung 6.1 sind die Supportvektoren gut zu erkennen.

Wenn alle α_i berechnet sind, müssen $\vec{w}$ und b errechnet werden, um die konkrete Funktionsvorschrift für (6.5) angeben zu können. Hierzu wird zunächst $\vec{w}$ über die Bedingung (6.11) gewonnen:

$$\vec{w} = \sum_{i=1}^{n} \alpha_i y_i \vec{x_i} \qquad (6.15)$$

Das Translationsskalar b wird bestimmt, indem für einen beliebig wählbaren Supportvektor $\vec{x_i}$, d. h. mit zugehörigem $\alpha_i > 0$, die Gleichung (6.9) gelöst wird [15].

Durch Einsetzen von (6.15) in (6.5) erhält man:

$$f(\vec{x}) = \text{sgn}(\sum_{i=1}^{n} \alpha_i y_i < \vec{x}, \vec{x_i} > +b) \qquad (6.16)$$

Es ist interessant zu sehen, dass nur die Supportvektoren einen Einfluss auf die Klassifikation nehmen, da für alle anderen Beobachtungen $\alpha_i = 0$ gilt [73, S. 14]. Dies deckt sich mit der graphischen Darstellung in Abbildung 6.1: Die Grenzfläche E_0 wird ausschließlich über die nächstliegenden Supportvektoren festgelegt.

Es sei an dieser Stelle erwähnt, dass die hier präsentierte Darstellung der Theorie der SVM anschaulich gehalten wird. Für ein exaktes mathematisches Verständnis empfiehlt es sich, tiefer in die Theorie der Optimierung einzusteigen. Insbesondere sind hierbei die „Karush-Kuhn-Tucker" Bedingungen wichtig, siehe [15] und [73, S. 149 ff].

6.1.2 Lineare SVM mit beliebigen Daten

Im vorherigen Unterabschnitt 6.1.1 wurde davon ausgegangen, dass die Trainingsdaten linear separierbar sind. Da dies häufig nicht der Fall ist, d. h. es existiert keine Trennebene E_0 die die beiden Klassen korrekt trennen kann, soll hier auf diesen allgemeineren Fall eingegangen werden. Abbildung 6.2 zeigt den Fall für nicht linear separierbare Daten. Hierzu werden die Konzepte analog wie bei [15] aus dem linear separierbaren Fall weitestgehend übernommen und ergänzt.

Wie zuvor soll der Margin zwischen den beiden Klassen maximiert werden, wobei nun auch Beobachtungen der Trainingsdaten auf der „falschen" Seite von E_0 liegen dürfen [15]. Für eine solche Fehlklassifikation einer Beobachtung $\vec{x_i}$ beim Training wird hierbei ein Strafterm $C \cdot \xi_i$ berechnet. Dabei ist C ein extern vorzugebener Parameter, der die „Schwere" der Fehlklassifikationen angibt [15]. $\xi_i / \parallel \vec{w} \parallel$ gibt den Abstand an, wieweit die falsch klassifizierte Beobachtung von der Ebene E_{+1} für $y_i = +1$ bzw. von E_{-1} für $y_i = -1$ entfernt liegt. Analog zum linear separierbaren Fall ist es wieder das

Ziel, den Margin zu maximieren bzw. $\| \vec{w} \|^2/2$ zu minimieren. Gleichzeitig soll die Fehlkassifikation möglichst gering gehalten werden.

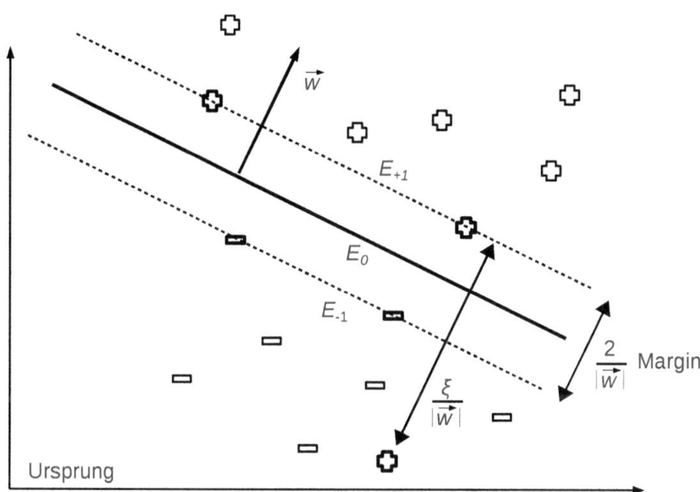

Abbildung 6.2: Lineare SVM bei nicht linear separierbarem Problem (in Anlehnung an [15])

Daraus erhält man als zu minimierende Funktion [15]:

$$\frac{1}{2}\| \vec{w} \|^2 + C \sum_{i=1}^{n} \xi_i \qquad (6.17)$$

Auch für dieses Optimierungsproblem gibt es wieder Nebenbedingungen, die eingehalten werden müssen. Hierzu werden die Nebenbedingungen (6.7) so erweitert, dass nun auch Fehlkassifikationen für die Beobachtungen $\vec{x}_i$ möglich sind, d. h. $\xi_i > 0$. Ist die Beobachtung $\vec{x}_i$ korrekt klassifiziert, so gilt in Übereinstimmung mit (6.7) $\xi_i = 0$. Die Nebenbedingungen nehmen also folgende Gestalt an [15]:

$$< \vec{x_i}, \vec{w} > +b \geq +1 - \xi_i \quad \text{für} \quad y_i = +1$$

$$< \vec{x_i}, \vec{w} > +b \leq -1 + \xi_i \quad \text{für} \quad y_i = -1 \tag{6.18}$$

$$\xi_i \geq 0 \quad \forall i$$

Wie zuvor für linear separierbare Daten, können die Nebenbedingungen (6.18) vereinfacht werden zu [15]:

$$y_i(< \vec{x_i}, \vec{w} > +b) - 1 + \xi_i \geq 0 \quad \forall\, (\vec{x_i}, y_i) \in \mathcal{T} \tag{6.19}$$

Auch für den Fall der nicht linear separierbaren Daten werden die Nebenbedingungen (6.19) wieder mit Lagrange-Parametern $\alpha_i \geq 0$ versehen [15]:

$$\alpha_i(y_i(< \vec{x_i}, \vec{w} > +b) - 1 + \xi_i) = 0 \quad \forall\, (\vec{x_i}, y_i) \in \mathcal{T} \tag{6.20}$$

Als weitere Nebenbedingung, die nur für den Fall nicht separierbarer Daten anfällt, muss $\xi_i \geq 0$ gewahrt werden. Um dies zu berücksichtigen, werden die Lagrange-Multiplikatoren $\beta_i \geq 0$ eingeführt [15]. Somit ergibt sich für diese Nebenbedingungen die Gleichung:

$$\beta_i \xi_i = 0 \quad \forall\, i \tag{6.21}$$

Es wird nun wieder die Lagrangefunktion L_p gebildet, indem von der zu optimierenden Größe (6.17) die Nebenbedingungen (6.20) und (6.21) subtrahiert werden [15]. Man erhält somit:

$$L_p := \frac{1}{2}\| \vec{w} \|^2 + C \sum_{i=1}^{n} \xi_i - \sum_{i=1}^{n} \alpha_i(y_i(< \vec{x_i}, \vec{w} > +b) - 1 + \xi_i) - \sum_{i=1}^{n} \beta_i \xi_i \tag{6.22}$$

Die Lagrangefunktion L_p muss nun bezüglich $\vec{w}$, b und ξ_i minimiert werden. Daher werden die entsprechenden Ableitungen gebildet:

$$\frac{\partial}{\partial \vec{w}} L_p \overset{!}{=} 0 \quad \Rightarrow \vec{w} = \sum_{i=1}^{n} \alpha_i y_i \vec{x_i} \tag{6.23}$$

Es fällt auf, dass die resultierende Gleichung für $\vec{w}$ identisch ist wie im Fall linear separierbarer Daten. Dies gilt ebenso für die Ableitung nach b:

$$\frac{\partial}{\partial b} L_p \stackrel{!}{=} 0 \quad \Rightarrow 0 = \sum_{i=1}^{n} \alpha_i y_i \tag{6.24}$$

Für die Ableitung nach den ξ_i erhält man:

$$\frac{\partial}{\partial \xi_i} L_p \stackrel{!}{=} 0 \quad \Rightarrow 0 = C - \alpha_i - \beta_i \quad \forall i \tag{6.25}$$

Durch Einsetzen von (6.23), (6.24) und (6.25) in die Lagrangefunktion L_p (6.22) wird L_d wie folgt gebildet [15]:

$$L_d := \sum_{i=1}^{n} \alpha_i - \frac{1}{2} \sum_{i,j=1}^{n} \alpha_i \alpha_j y_i y_j < \vec{x_i}, \vec{x_j} > \tag{6.26}$$

Diese Funktion muss nun bezüglich der α_i maximiert werden [15]. Als Nebenbedingungen hierfür gelten [15]:

$$\sum_{i=1}^{n} \alpha_i y_i = 0 \quad \text{und} \quad C \geq \alpha_i \geq 0 \quad \forall i \tag{6.27}$$

Es fällt auf, dass die Lagrangefunktion in (6.26) identisch ist zur Lagrangefunktion im linear separierbaren Fall (6.13). Ein Unterschied findet sich in den Nebenbedingungen (6.27). Die Lagrange-Parameter α_i sind hier durch den externen Parameter C nach oben beschränkt. Dies lässt sich aus Gleichung (6.25) herleiten, denn es gilt $\alpha_i, \beta_i \geq 0$. Nachdem die α_i aus der Maximierung von (6.26) unter den Nebenbedingungen (6.27) bestimmt wurden, soll nun wieder die konkrete Funktionsvorschrift für $f(\vec{x})$ angegeben werden. Der Normalenvektor $\vec{w}$ der Trennfläche E_0 lässt sich gemäß Gleichung (6.23) berechnen. Für die Bestimmung von b wird wie in [15] beschrieben vorgegangen. Man wählt eine beliebige Beobachtung x_i mit $C > \alpha_i > 0$ aus. Für diese spezielle Wahl von α_i folgt aus Gleichung (6.25), dass $\beta_i > 0$. Für $\beta_i > 0$ folgt aus Gleichung (6.21), dass $\xi_i = 0$ gelten muss. Dadurch vereinfacht sich Gleichung (6.20) zu:

$$y_i(<\vec{x_i}, \vec{w}> +b) - 1 = 0 \quad \forall\, \{i \mid C > \alpha_i > 0\} \tag{6.28}$$

Aus dieser Gleichung lässt sich b leicht bestimmen, da $\vec{w}$ bereits bekannt ist. Man erhält als Funktionsvorschrift für $f(\vec{x})$:

$$f(\vec{x}) = \mathrm{sgn}(\sum_{i=1}^{n} \alpha_i y_i <\vec{x}, \vec{x_i}> +b) \tag{6.29}$$

Es ist festzuhalten, dass die Funktionsvorschrift in (6.29) dieselbe Form hat wie im linear separierbaren Fall (6.16). Auch die Lagrangefunktion L_d ist bei beiden indentisch, vergleiche (6.26) und (6.13). Der einzige Unterschied zwischen den beiden Fällen besteht in den Nebenbedingungen bei der Maximierung von L_d: Bei nicht linear separierbaren Daten sind die α_i durch C nach oben begrenzt, vergleiche hierzu (6.27) und (6.14).

6.1.3 Nichtlineare SVM

In den vorherigen beiden Unterabschnitten 6.1.1 und 6.1.2 wurde stets eine Ebene, d. h. eine lineare Trennfläche zur Separierung der Trainingsdaten herangezogen. In diesem Unterabschnitt soll aufgezeigt werden, wie dies auch mit nichtlinearen Trennflächen möglich ist. Eine der ersten Arbeiten, in denen dieses Konzept vorgestellt wurde, ist [18]. Ganz besonders wichtig für die Verallgemeinerung der SVM auf nichtlineare Fälle ist, dass die Beobachtungen sowohl beim Training als auch bei der späteren Klassifikation immer paarweise in Form eines Skalarproduktes vorkommen [15], wie in den Gleichungen (6.26) bzw. (6.29) zu erkennen ist. Die Erweiterung, um die SVM mit nichtlinearen Trennflächen verwenden zu können, wird Kernel-Trick genannt. Dabei wird das bisher verwendete Skalarprodukt durch eine allgemeinere, sogenannte Kernelfunktion κ ersetzt:

$$<\vec{x_i}, \vec{x_j}> \;\longmapsto\; \kappa(\vec{x_i}, \vec{x_j}) \quad \text{mit} \quad \vec{x_i}, \vec{x_j} \in \mathbb{R}^D \tag{6.30}$$

Es sei an dieser Stelle erwähnt, dass der Kernel-Trick nicht nur auf die SVM beschränkt ist, sondern sich allgemein bei Algorithmen anwenden lässt, die auf Skalarprodukten bzw. Kernelfunktionen basieren, siehe hierzu [73, S. 34 f]. Dabei bildet auch die Kernelfunktion zwei Vektoren auf einen skalaren Wert ab:

$$\kappa : \mathbb{R}^D \times \mathbb{R}^D \to \mathbb{R} \tag{6.31}$$

Die bisherige Herleitung bzw. Funktionsweise der SVM beruht auf der Verwendung von Skalarprodukten. Damit diese Annahme erhalten bleibt, muss eine Kernelfunktion als Skalarprodukt darstellbar sein [73, S. 25 ff]:

$$\kappa(\vec{x_i}, \vec{x_j}) = < \Phi(\vec{x_i}), \Phi(\vec{x_j}) > \tag{6.32}$$

Dabei ist $\Phi(\vec{x})$ eine Abbildung der Gestalt:

$$\Phi : \mathbb{R}^D \to F \tag{6.33}$$

F ist hierbei ein meist sehr hochdimensionaler Vektorraum, in dem ein Skalarprodukt definiert ist. Dieser wird als Featureraum bezeichnet [73, S. 25]. Das explizite Berechnen von Skalarprodukten im Featureraum F ist nicht erforderlich. Auch die explizite Kenntnis der Abbildung Φ zu einem bestimmten Kernel κ ist nicht notwendig.

Durch spezielle Bedingungen an die Kernelfunktion κ ist sichergestellt, dass die Darstellung gemäß Gleichung (6.32) existiert. Solche Bedingungen sind die Forderung nach positiver Definitheit des Kernels bzw. die Erfüllung der Voraussetzungen des Mercer-Theorems für Kernel. Aus Gründen der Übersichtlichkeit soll im Rahmen dieser Arbeit nicht vertieft in die komplexe Theorie der Kernel eingestiegen werden. Eine detaillierte Darstellung zur Theorie der Kernel findet sich bei [19, S. 26 ff] und [73, S. 25 ff]. Durch die Kenntnis, dass ein Kernel nichts anderes ist als ein Skalarprodukt in einem Raum F, lassen sich die Trainings- bzw. Klassifikationsgleichungen aus dem linearen Fall übernehmen. Für einen Kernel κ erhält man durch die Substitution des Skalarproduktes in Gleichung (6.26) das Optimierungsproblem:

$$L_d := \sum_{i=1}^{n} \alpha_i - \frac{1}{2} \sum_{i,j=1}^{n} \alpha_i \alpha_j y_i y_j \kappa(\vec{x_i}, \vec{x_j}) \qquad (6.34)$$

Die Nebenbedingungen entsprechen exakt denen aus (6.27). Als explizite Funktionsvorschrift erhält man nach der Substitution des Skalarproduktes in Gleichung (6.29) durch den Kernel κ :

$$f(\vec{x}) = \mathrm{sgn}(\sum_{i=1}^{n} \alpha_i y_i \kappa(\vec{x}, \vec{x_i}) + b) \qquad (6.35)$$

Der Wert für b lässt sich sehr ähnlich wie im linearen Fall bestimmen, vergleiche hierzu (6.28). Der Normalenvektor $\vec{w}$ wird gemäß (6.23) durch seine Entwicklung in die Trainingsdaten ersetzt. Dadurch lässt sich das explizite Rechnen im Featureraum sowie die explizite Bestimmung der Abbildung Φ zum Kernel κ umgehen.

$$y_i(\sum_{j=1}^{n} \alpha_j y_j \kappa(\vec{x_i}, \vec{x_j}) + b) - 1 = 0 \quad \forall \{i \mid C > \alpha_i > 0\} \qquad (6.36)$$

Durch Einsetzen einer beliebigen Beobachtung x_i mit $C > \alpha_i > 0$ in Gleichung (6.36) kann der Wert für b bestimmt werden. Eine sehr ähnliche Vorgehensweise zur Bestimmung von b findet sich in [73, S. 205 ff], wobei hier eine Mittelung über alle x_i mit $C > \alpha_i > 0$ zur Bestimmung von b vorgeschlagen wird. Abschließend sollen Beispiele besonders häufig verwendeter Kernelfunktionen angegeben werden, deren Funktionsvorschriften in Tabelle 6.1 zusammengefasst sind. Der lineare Kernel entspricht der Verwendung eines einfachen Skalarproduktes. Die Abbildung Φ für diesen Kernel ist die identische Abbildung. Beim polynomialen Kernel wird das Skalarprodukt mit einem Wert $d \in \mathbb{N}$ potenziert. Der gauss'sche RBF Kernel wird häufig verwendet. Man kann zeigen, dass die Abbildung Φ für diesen Kernel einen unendlich dimensionalen Featureraum F induziert [73, S. 47]. Der sigmoide Kernel ist kein positiv definiter Kernel, was für den Kernel-Trick eine notwendige Voraussetzung an die Kernelfunktion ist. Dennoch hat er sich in praktischen Anwendungen bewährt [73, S. 46]. Die Werte $\gamma, c, \theta \in \mathbb{R}^+$ sind dabei genau wie $d \in \mathbb{N}^+$ extern vorzugebene Parameter. Darüber hinaus existieren unzählige weitere Kernel. Es gibt auch zahlreiche Verfahren, um aus bestehenden Kerneln weitere zu konstruieren [19, S. 42 ff]

Name der Kernelfunktion κ	Funktionsvorschrift
linearer Kernel	$\kappa = <\vec{x_i}, \vec{x_j}>$
polynomialer Kernel	$\kappa = <\vec{x_i}, \vec{x_j}>^d$
gauss'scher RBF Kernel	$\kappa = \exp(-\gamma \| \vec{x_i} - \vec{x_j} \|^2)$
sigmoider Kernel	$\kappa = \tanh(c < \vec{x_i}, \vec{x_j} > -\theta)$

Tabelle 6.1: Ausgewählte Kernelfunktionen aus [73, S. 45 f]

Im Rahmen dieser Arbeit wurden verschiedene Kernelfunktionen verwendet. Dabei stellte sich für die Problemstellungen dieser Arbeit heraus, dass ein linearer Kernel die besten bzw. gleich gute Ergebnisse lieferte wie andere Kernel. Da der lineare Kernel gleichzeitig der performanteste hinsichtlich der Rechenzeit ist, wurde dieser Kernel verwendet. Die hohe Performanz des linearen Kernels ist durch die Tatsache begründet, dass die einzelnen Werte der Kernelmatrix κ_{ij}, die für das Optimierungsproblem in Gleichung (6.34) benötigt werden, durch einfache Skalarprodukte gegeben sind und somit performant berechnet werden können.

$$\kappa_{ij} := \kappa(\vec{x_i}, \vec{x_j}) \quad \forall\, (x_i, y_i), (x_j, y_j) \in \mathcal{T} \qquad (6.37)$$

Die Anzahl an nötigen Rechenoperationen zur Bestimmung der Kernelmatrix steigt hierbei mit der Ordnung $\mathcal{O}(n^2)$. Dabei steht n für die Anzahl der Beobachtungen in der Trainingsmenge $\mathcal{T}$. Wie im nachfolgenden Unterabschnitt beschrieben wird, benötigt man für den linearen Kernel nur einen externen Parameter C.

6.1.4 Grid-search und cross-validation

Wie im vorherigen Unterabschnitt 6.1.3 erwähnt, wird ein extern vorgegebener Parameter C verwendet, der die Fehlklassifikationen beim Training gewichtet. Ebenso benötigen die meisten der Kernelfunktionen einen oder mehrere externe Parameter, siehe Tabelle 6.1. Es stellt sich daher die Frage, wie diese bestimmt werden können. Dabei sollen mit $\vec{p}$ die externen Parameter bezeichnet werden. So sind beispielsweise für den linearen und den gauss'schen RBF Kernel folgende Parameter zu bestimmen:

$$\text{linear:} \quad p = C \quad \text{RBF:} \quad \vec{p} = \begin{pmatrix} C \\ \gamma \end{pmatrix} \tag{6.38}$$

Im Rahmen dieser Arbeit wurde für die Bestimmung dieser Parameter die sogenannte cross-validation eingesetzt. Mithilfe dieser Heuristik wird abgeschätzt, wie gut der Klassifikator unbekannte Beobachtungen klassifiziert [23, S. 483 f]. Geeignete Parameter $\vec{p}$ sind dabei jene, bei denen der Klassifikator die beste Erkennungsleistung bezüglich der cross-validation erzielt. Der im Rahmen dieser Arbeit verwendete und im Folgenden beschriebene Algorithmus stammt aus [34].

Bei der v-fachen cross-validation wird die Trainingsmenge $\mathcal{T}$ aus Gleichung (6.2) in v disjunkte Teilmengen $\mathcal{T}_1, \ldots, \mathcal{T}_v$ gleicher Mächtigkeit unterteilt.

$$\mathcal{T} = \overset{v}{\underset{i=1}{\dot{\bigcup}}} \mathcal{T}_i \quad \text{mit} \quad |\mathcal{T}_i| \approx |\mathcal{T}_j| \quad \text{für} \quad i, j = 1, \ldots, v \tag{6.39}$$

Es gibt allgemein zahllose Möglichkeiten, die konkrete Aufteilung in v disjunkte Teilmengen vorzunehmen. Werden alle Möglichkeiten berücksichtigt, so spricht man von einer complete cross-validation, jedoch ist dies in den meisten Fällen zu aufwändig [48]. Daher wird im Rahmen dieser Arbeit eine einzige zufallsbasierte Unterteilung verwendet. Häufig ist es nicht möglich, die v-fache Unterteilung so vorzunehmen, dass alle Teilmengen exakt gleich viele Beobachtungen beinhalten. In diesen Fällen werden die Teilmengen so gewählt, dass diese möglichst gleich viele Elemente beinhalten. Bei dem im

Rahmen dieser Arbeit relevanten Zweiklassenproblem ist es sinnvoll, dass bei der zufallsgesteuerten Unterteilung in v Teilmengen das Verhältnis von positiven und negativen Beobachtungen in den Teilmengen $\mathcal{T}_i$ möglichst dem Verhältnis in $\mathcal{T}$ entspricht. Dies wird beispielsweise in [86, S. 149 ff] ausdrücklich empfohlen und als stratified cross-validation bezeichnet. Hier findet sich auch der Hinweis, dass $v = 10$ meist ein geeigneter Wert ist. Dabei kommt es jedoch nicht darauf an, exakt den Wert $v = 10$ zu verwenden, da sich zumeist mit $v = 5$ oder mit $v = 20$ ähnliche Resultate erzielen lassen [86, S. 150]. Im Rahmen dieser Arbeit hat sich $v = 7$ als geeigneter Wert erwiesen.

Mit f_i wird der Klassifikator f bezeichnet, der mit allen Trainingsdaten außer $\mathcal{T}_i$ trainiert wurde, d. h. mit $\mathcal{T} \setminus \mathcal{T}_i$. Dieser Klassifikator wird dazu benutzt, die Daten $\mathcal{T}_i$ zu klassifizieren. Es ist essentiell, dass die jeweiligen Beobachtungen bei der Validierung nicht bereits für das Training des Klassifikators verwendet wurden [23, S. 483]. Für jeden dieser v Klassifikatoren f_i lässt sich somit die Anzahl a_i korrekt klassifizierter Beobachtungen aus $\mathcal{T}_i$ angeben:

$$a_i = \#\{(\vec{x}_j, y_j) \in \mathcal{T}_i \mid f_i(\vec{x}_j) = y_j\} \tag{6.40}$$

Die sogenannte „cross-validation accuracy" cv_a gibt den Anteil aller korrekt klassifizierten Beobachtungen wieder. Man erhält dadurch in Anlehnung an [48] die folgende Definition:

$$cv_a = \frac{1}{|\mathcal{T}|} \sum_{i=1}^{v} a_i \tag{6.41}$$

Die externen Parameter lassen sich mithilfe der cross-validation bestimmen. Hierfür wird wie bei [34] beschrieben eine grid-search verwendet. Bei diesem Verfahren werden ausgewählte Kombinationen an externen Parametern $\vec{p}_k$ verwendet, um die jeweilige cross-validation accuracy $cv_a(\vec{p}_k)$ zu bestimmen. Abbildung 6.3 zeigt die grid-search für den linearen und gauss'schen RBF Kernel. Die Verwendung von exponentiell wachsenden Folgen für die

Auswahl der Parameter hat sich in der Praxis bewährt [34].

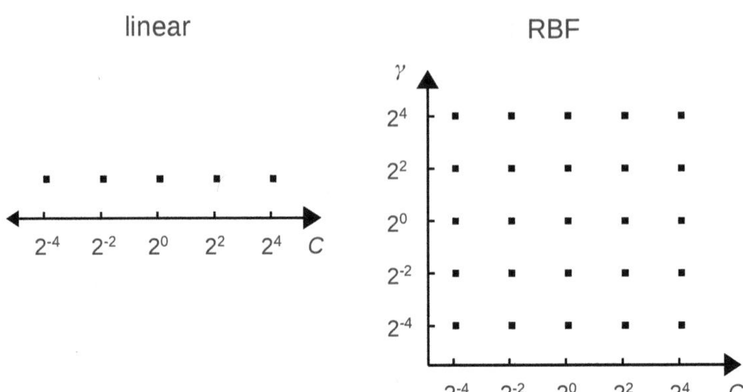

Abbildung 6.3: Grid-search bei linearem und gauss'schem RBF Kernel

Es wird für jeden der Parametersätze $\vec{p}_k$ die zugehörige cross-validation accuracy $cv_a(\vec{p}_k)$ bestimmt. Anschließend wird derjenige ausgewählt, mit dem die höchste cross-validation accuracy erzielt werden konnte. Mit diesem Parametersatz wird der Klassifikator final trainiert, wobei jetzt die gesamten Trainingsdaten $\mathcal{T}$ herangezogen werden [34].

Neben der im Rahmen dieser Arbeit verwendeten v-fachen stratified cross-validation gibt es auch weitere Verfahren zur Validierung eines Klassifikators, die unter anderem in [57] beschrieben werden.

6.2 Klassifikation mit einzelnem Merkmal

Ein Klassifikator K soll eine Abbildung mit folgender Eigenschaft sein:

$$K : \mathbb{R}^D \mapsto \mathbb{R} \qquad (6.42)$$

Diese Abbildungsvorschrift ist allgemeiner gehalten als die Definition für den Klassifikator f aus (6.1). Somit gibt K nicht nur die binäre Klassenzugehörigkeit ± 1 an, sondern auch, wie ausgeprägt die Ähnlichkeit zur positiven oder negativen Klasse ist. Für die SVM lässt sich der Klassifikator K einfach von f ableiten, indem die finale Vorzeichenfunktion sgn() in Gleichung (6.35) weggelassen wird.

Dies bedeutet, dass der Klassifikator K für jeden D-dimensionalen Vektor bzw. Beobachtung einen skalaren Wert liefert. Dabei bezeichnet man $K(\vec{x})$ als Output o des Klassifikators. Ein großer, positiver Wert für o bedeutet bei der SVM eine große Ähnlichkeit mit der positiven Klasse und umgekehrt. Dies lässt sich für die SVM so interpretieren, dass o den gerichteten Abstand des Vektors $\vec{x}$ von der Trennfläche angibt. Der Betrag von o gibt den Wert des Abstandes an. Das Vorzeichen von o beschreibt, ob sich der Vektor auf der Seite der positiven oder negativen Klasse befindet.

Für die konkrete Ausgestaltung von Training und Klassifikation bei dem entwickelten Freitextverfahren wird nun die nachfolgende Vorgehensweise verwendet, welche in Abbildung 6.4 visualisiert ist. Zunächst wird eine Menge an Benutzertippproben P_B und eine Menge an Negativtippproben P_N benötigt, für die analog wie in Gleichung (5.25) gilt:

$$P_B = \{P_{B_1}, ..., P_{B_g}\} \qquad \text{mit} \quad P_{B_i}, P_{N_j} \in \bigcup_{N \in \mathbb{N}} (\mathbb{N} \times \mathbb{R}^2)^N \qquad (6.43)$$
$$P_N = \{P_{N_1}, ..., P_{N_h}\}$$

Mithilfe dieser zwei Mengen an Tippproben wird nun gegebenenfalls die jeweilige Merkmalsabbildung $\mathcal{M}_i$ konkretisiert:

$$\mathcal{M}_i : \bigcup_{N \in \mathbb{N}} (\mathbb{N} \times \mathbb{R}^2)^N \longrightarrow \mathbb{R}^D \qquad (6.44)$$

Die detaillierte Merkmalsabbildung für die Merkmale ohne Kontextbindung ist in Gleichung (5.4) beschrieben, jene für die Merkmale mit Kontextbindung in Gleichung (5.16). Bei den sechs Merkmalen ohne Kontextbindung ist $\mathcal{M}_i$ unabhängig von P_B und P_N. Bei den sieben Merkmalen mit Kontextbindung ist es zunächst erforderlich, den jeweiligen Standardvektor $\mathcal{V}$ mithilfe von P_B und P_N zu bestimmen. Hierfür wird das Vorgehen gemäß den Gleichungen (5.26) bis (5.32) angewendet. Anschließend werden aus den Benutzer- und Negativtippproben P_B und P_N die Trainingsdaten $\mathcal{T}_i$ generiert:

$$\mathcal{T}_i = \begin{aligned} &\{(\mathcal{M}_i(P_{B_1}), +1), \dots, (\mathcal{M}_i(P_{B_g}), +1), \\ &(\mathcal{M}_i(P_{N_1}), -1), \dots, (\mathcal{M}_i(P_{N_h}), -1)\} \end{aligned} \tag{6.45}$$

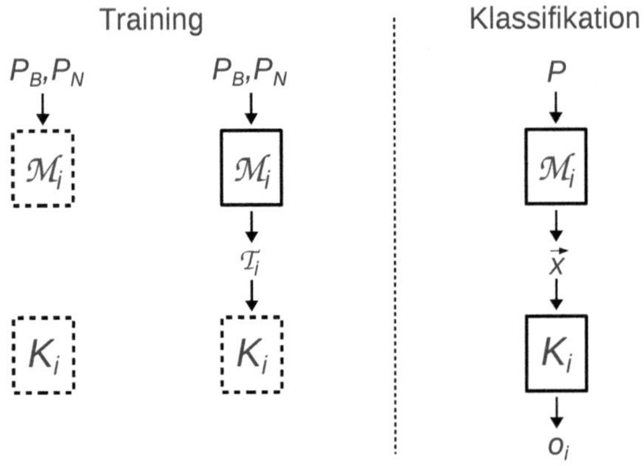

Abbildung 6.4: Training und Klassifikation mit einzelnem Merkmal

Mithilfe dieser Trainingsdaten $\mathcal{T}_i$ wird der entsprechende Zwei-Klassen-Klassifikator K_i trainiert. Nach dem Training ist es möglich, eine beliebige Tippprobe P zu klassifizieren. Hierzu wird mithilfe des Merkmals $\mathcal{M}_i$ die Beobachtung $\vec{x}$ aus der Tippprobe P gewonnen. Dieser D-dimensionale Vektor kann nun vom Klassifikator K_i klassifiziert werden. Das Ergebnis ist hierbei der Output o_i, der die Ähnlichkeit der Tippprobe zur positiven bzw. negativen Klasse angibt. Ein großer, positiver Wert für o_i heißt anschaulich, dass die Tippprobe P bezüglich des Merkmals $\mathcal{M}_i$ eine hohe Ähnlichkeit mit den Tippproben P_B des Benutzers aufweist.

Der Output o_i einer Tippprobe P bezüglich eines Merkmales $\mathcal{M}_i$ und eines Klassifikators K_i lässt sich auch als Funktion o_i auffassen:

$$o_i(P) := K_i(\mathcal{M}_i(P)) \tag{6.46}$$

Mithilfe der einzelnen Merkmale bzw. Klassifikatoren wird im folgenden Abschnitt ein Verfahren beschrieben, bei dem die 13 Merkmale parallel ausgewertet werden.

6.3 Klassifikation mit Ensemble

Nachdem die Klassifikation mittels eines Merkmals beschrieben wurde, soll im Folgenden die Vorgehensweise zur Kombination der insgesamt 13 Merkmale zu einem einheitlichen Verfahren erläutert werden. Es hat sich als sinnvoll erwiesen, für jedes Merkmal einen eigenen Klassifikator zu verwenden. Daher ist das im Rahmen dieser Arbeit verwendete System zur Kombination der Merkmale gleichzeitig ein System aus mehreren Klassifikatoren. Es sei an dieser Stelle erwähnt, dass es zahlreiche Möglichkeiten gibt, ein solches System aus mehreren Klassifikatoren umzusetzen [49, S. 101 ff]. Die im Rahmen dieser Arbeit verwendete Vorgehensweise zur Kombination der Merkmale ist dabei ähnlich wie bei Bakdi [3, S. 137 ff] ausgestaltet. Konkret bedeutet dies, dass für jedes Merkmal $\mathcal{M}_i$ ein Klassifikator K_i verwendet wird. Zusätzlich wird zur Kombination bzw. Gewichtung der Outputs der 13 Klassifikatoren ein weiterer Klassifikator K_g eingesetzt. Die Klassifikation mit dem Ensemble ist in Abbildung 6.5 visualisiert.

Das Training des Ensembles läuft dabei in zwei Schritten ab. Als erster Schritt werden die 13 Klassifikatoren K_i auf die jeweiligen Merkmale $\mathcal{M}_i$ trainiert. Der konkrete Ablauf des Trainings entspricht jeweils dem in Abschnitt 6.2 beschriebenen Vorgehen. Das Training erfolgt hierbei mit den Benutzer- und Negativtippproben P_B und P_N. Im zweiten Schritt muss der Klassifikator zur Gewichtung K_g trainiert werden. Hierzu werden die Benutzer- und Negativtippproben G_B und G_N verwendet. Für den Klassifikator K_g werden die benötigten Trainingsdaten $\mathcal{T}_g$ wie folgt erzeugt:

$$\mathcal{T}_g = \{(\begin{pmatrix} o_1(P) \\ \vdots \\ o_{13}(P) \end{pmatrix}, +1) \mid P \in G_B\} \cup \{(\begin{pmatrix} o_1(P) \\ \vdots \\ o_{13}(P) \end{pmatrix}, -1) \mid P \in G_N\}$$

$$(6.47)$$

Das bedeutet also, dass die Trainingsdaten für den Klassifikator K_g gebildet werden, indem sämtliche Tippproben P aus den Mengen G_B und G_N durch die zuvor trainierten Merkmale bzw. Klassifikatoren $\mathcal{M}_i$, K_i abgebildet werden. Der Attributraum für den Klassifikator K_g hat daher 13 Dimensionen.

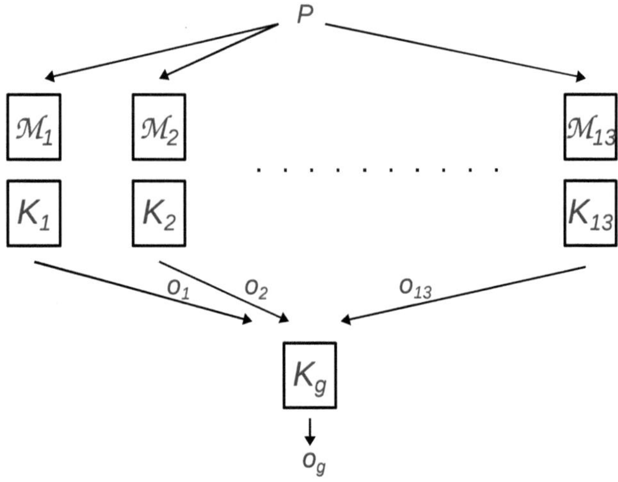

Abbildung 6.5: Klassifikation mit Ensemble

Dabei wird die i-te Dimension stets durch den Output des Merkmals bzw. Klassifikators $o_i(P) = K_i(\mathcal{M}_i(P))$ gebildet. Die Tippproben der Benutzer, also der Menge G_B, werden mit dem Label $+1$, die der Negativbeispiele mit dem Label -1 versehen. Nach dem Training des Klassifikators K_g kann nun ein Output o_g für eine beliebige Tippprobe P bestimmt werden:

$$o_g(P) = K_g \begin{pmatrix} o_1(P) \\ \vdots \\ o_{13}(P) \end{pmatrix} \tag{6.48}$$

Bei den im Rahmen dieser Arbeit verwendeten Klassifikatoren handelt es sich um Support Vector Machines. Für die Klassifikatoren $K_1, \ldots, K_{13}$ wird der lineare Kernel mit einer asymmetrischen Datenzentrierung verwendet, wie sie bei Bakdi beschrieben ist [3, S. 130 ff]. Bakdi bezeichnet diesen modifizierten linearen Kernel als ASVM. Für den Klassifikator K_g hat sich der lineare Kernel ohne asymmetrische Datenzentrierung als die beste Wahl erwiesen.

Die Merkmale $\mathcal{M}_i$, Klassifikatoren K_i und der finale Klassifikator K_g werden nach dem Training als Template T bezeichnet. Ein solches Template hat nach dem beschriebenen Trainingsprozess die Eigenschaft, zu einer beliebigen Tippprobe P die Ähnlichkeit dieser zu den beim Training präsentierten Tippproben anzugeben. Dabei bezeichnet ein großer Wert eine hohe Ähnlichkeit zur positiven Klasse und umgekehrt. Das Template lässt sich auch mathematisch als Abbildung verstehen:

$$T : \bigcup_{N \in \mathbb{N}} (\mathbb{N} \times \mathbb{R}^2)^N \longrightarrow \mathbb{R} \tag{6.49}$$

Dabei wird dies durch die folgende Vorschrift konkretisiert:

$$T(P) := K_g \begin{pmatrix} o_1(P) \\ \vdots \\ o_{13}(P) \end{pmatrix} = o_g(P) \tag{6.50}$$

Um eine finale Entscheidung zu treffen, ob eine Tippprobe P zur positiven bzw. zur negativen Klasse gehört, wird ein Schwellwert $s \in \mathbb{R}$ verwendet. Man erhält das Label y über:

$$y = \operatorname{sgn}(T(P) - s) \tag{6.51}$$

Dabei wird die Signumfunktion sgn() gemäß Definition (6.6) verwendet. Dies bedeutet, wenn die Ähnlichkeit $T(P)$ der Tippprobe P mit dem Template T größer oder gleich dem vorgegebenen Schwellwert ist, so wird die Tippprobe der positiven Klasse zugeordnet ($y = +1$). In diesem Fall geht man davon aus, dass die Tippprobe hinreichende Ähnlichkeit mit den Benutzertippproben P_B, G_B aufweist. Durch Wahl des Schwellwertes lässt sich somit der Trade-off zwischen Fehler erster und zweiter Art justieren.

In Tabelle 6.2 sind die sogenannten Standardparameter beschrieben. Diese Parameter werden im Folgenden stets verwendet, solange keine anderen Werte angegeben sind. Die Festlegung der Anzahl an Negativbeispielen P_N und G_N wurde durch zahlreiche Testläufe mit dem Datensatz Freitext-Justier bestimmt. Dabei zeigte sich, dass die Verwendung von 100 Negativtippproben P_N für die Klassifikatoren K_i am besten geeignet ist. Für das Training des Klassifikators K_g werden dieselben 100 Negativtippproben sowie 50 weitere verwendet.

Anzahl Benutzertippproben P_B	15
Anzahl Benutzertippproben G_B	15
Verhältnis der Benutzertippproben P_B, G_B	$P_B = G_B$
Anzahl Negativtippproben P_N	100
Anzahl Negativtippproben G_N	150
Verhältnis der Negativtippproben P_N, G_N	$P_N \subset G_N$
Datensatz Auswertung	Freitext-Valid
Datensatz Negativtippproben	Freitext-Negative
Auswahl der Negativtippproben P_N, G_N	zufällige Auswahl
Länge der Tippproben	80 - 120 Zeichen
Anzahl verwendeter Merkmale	13
Klassifikatoren K_i	ASVM
Klassifikator K_g	lineare SVM

Tabelle 6.2: Standardparameter bei Verifizierung mit Freitext

Teil III

Verifizierung mit Freitext

7 Testdesign und Auswertung

7.1 Verwendetes Testdesign

Für die einzelnen Simulationen wird stets ein vollständiger Kreuzvergleich verwendet, um die Fehlerraten bzw. die daraus resultierende DET Kurve zu bestimmen. Das bedeutet, dass nahezu jede Tippprobe gegen jedes Template abgeglichen wird, um ein Maximum an Abgleichen zu erhalten. Ausgenommen hiervon sind Abgleiche, bei denen die Tippprobe bereits zum Training des Templates verwendet wurden. Ein solches Vorgehen wird auch bei [37, S. 44 f] und [54, S. 24 f] beschrieben. Die im Rahmen dieses Abschnittes gewählte Herangehensweise und die verwendete Notation orientieren sich an den beiden zuletzt genannten Quellen.

Der verwendete Datensatz bei den Simulationen soll hierbei je m Tippproben von insgesamt n unterschiedlichen Benutzern beinhalten. Im Folgenden soll mit $a(i, j, k)$ das Ergebnis eines Abgleichs zwischen der j-ten Tippprobe des Benutzers i mit dem Template des Benutzers k bezeichnet werden. Das Ergebnis stellt einen reellen Zahlenwert dar. Durch Variation des Schwellwertes s wird eine Menge an resultierenden Wertepaaren erzeugt, die zweidimensional angetragen und zu einer Kurve verbunden werden. Nachfolgend werden FMR und FNMR verwendet, jedoch können analog auch FAR und FRR verwendet werden [54, S. 8]. Die FMR gibt den Anteil aller nichtberechtigten Verifizierungsversuche[1] an, deren Wert größer oder gleich dem Schwellwert s ist:

---

[1]Hierbei bedeutet „nichtberechtigt", dass die Tippprobe von einem anderen Benutzer stammt als das Template.

$$\mathrm{FMR}(s) = \frac{1}{\#\mathcal{X}}\#\{(i,j,k) \in \mathcal{X} \mid a(i,j,k) \geq s\} \tag{7.1}$$

Dabei bezeichnet $\mathcal{X}$ die Indexmenge aller Abgleiche, die zur Ermittlung der FMR genutzt werden:

$$\mathcal{X} = \{(i,j,k) \mid i \neq k \in \{1,\dots,n\}, j \in \{1,\dots,m\}\} \subset \mathbb{N} \times \mathbb{N} \times \mathbb{N} \tag{7.2}$$

Es gibt also insgesamt $n(n-1)m$ mögliche nichtberechtigte Verifizierungsversuche. Die FNMR gibt den Anteil aller berechtigten Verifizierungsversuche an, deren Wert unterhalb des Schwellwertes liegt:

$$\mathrm{FNMR}(s) = \frac{1}{\#\mathcal{Y}}\#\{(i,j,k) \in \mathcal{Y} \mid a(i,j,k) < s\} \tag{7.3}$$

Dabei bezeichnet $\mathcal{Y}$ die Indexmenge aller Abgleiche, die zur Ermittlung der FNMR genutzt werden:

$$\mathcal{Y} = \{(i,j,i) \mid i \in \{1,\dots,n\}, j \in \{e+1,\dots,m\}\} \subset \mathbb{N} \times \mathbb{N} \times \mathbb{N} \tag{7.4}$$

Je nachdem, wie viele Tippproben $g = \#P_B$ bei jedem Benutzer zur Berechnung des Templates verwendet werden, verbleiben somit jeweils $m-g$ Tippproben zur Bestimmung der FNMR pro Benutzer. Somit gibt es insgesamt $n(m-g)$ Abgleiche für die Bestimmung dieser Größe. Zur Vereinfachung soll jeder Benutzer m Tippproben abgegeben haben.

Wenn man eine Menge von Schwellwerten $\mathcal{S} = \{s_1,\dots,s_S\}$ gegeben hat, lässt sich die folgende DET Wertemenge $\mathcal{D}$ erzeugen:

$$\mathcal{D} := \{(\mathrm{FMR}(s_1), \mathrm{FNMR}(s_1), s_1), \dots, (\mathrm{FMR}(s_S), \mathrm{FNMR}(s_S), s_S)\} \tag{7.5}$$

Eine DET Kurve wird erzeugt, indem alle Werte $(\mathrm{FMR}(s_i), \mathrm{FNMR}(s_i))$ aus der Menge $\mathcal{D}$ in ein doppeltlogarithmisches x-y Diagramm angetragen werden.

7.2 Umfang des Enrolments

Als erste wichtige Einflussgröße auf die Erkennungsleistung des Freitextverfahrens soll zunächst die Anzahl an Enrolmenttippproben untersucht werden. Hierfür wird der Datensatz Freitext-Valid verwendet. Das Testdesign entspricht dem in Abschnitt 7.1 beschriebenen. Die verwendeten Parameter entsprechen den Standardparametern, siehe Tabelle 6.2. Im Folgenden soll nun abweichend hiervon die Anzahl an Benutzertippproben $g = \#P_B$ variiert werden, um den Einfluss der Anzahl an Enrolmenttippproben zu analysieren. Es zeigt sich hierbei, dass ein umfangreicheres Enrolment auch zu einer höheren Trennschärfe führt und umgekehrt.

In Abbildung 7.1 finden sich die DET Kurven zu den einzelnen Simulationen. Aus Gründen der Übersichtlichkeit wurden nur sechs der insgesamt 15 DET Kurven angetragen.

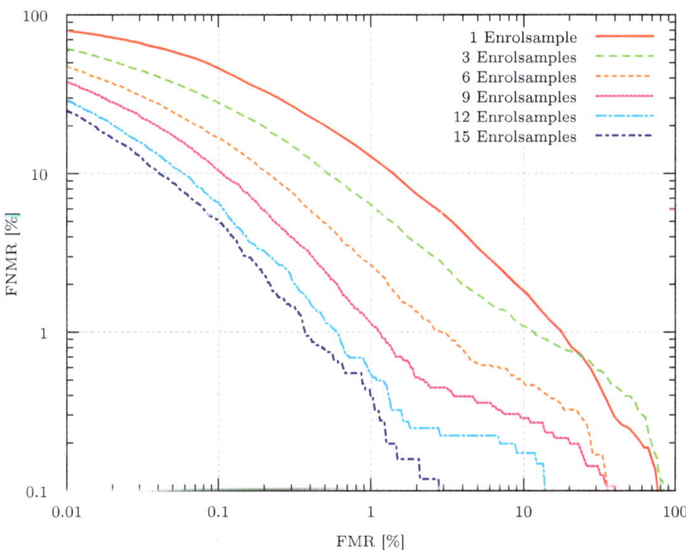

Abbildung 7.1: Erkennungsleistung bei Variation der Anzahl an Enrolmenttippproben

Beispielsweise erlaubt ein Enrolment mit 15 mal 100 Zeichen eine EER von 0,6%, wohingegen die EER bei nur einmaligem Tippen eines Textes mit 100 Zeichen zu einer EER von 4,2% führt.

Zusätzlich wird in Abbildung 7.2 die EER der einzelnen Simulationen gegen die Anzahl der Enrolmenttippproben angetragen, wobei hier alle 15 Werte berücksichtigt werden. Es zeigt sich hier besonders deutlich, dass eine größere Anzahl an Tippproben für das Enrolment eine Erhöhung der Erkennungsleistung bewirkt und umgekehrt. Dieser grundlegende Zusammenhang findet sich auch bei zahlreichen anderen Arbeiten auf dem Gebiet der Tippverhaltenserkennung, wie z. B. [3, S. 232 f], [32] und [53].

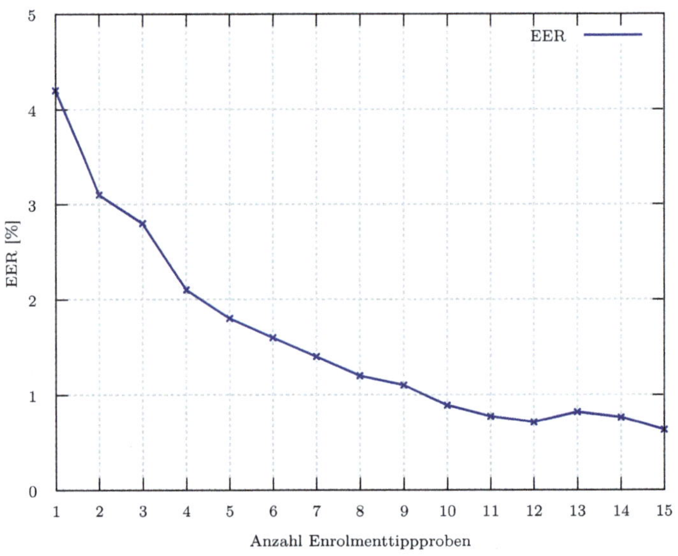

Abbildung 7.2: EER bei Variation des Enrolments

7.3 Länge der Tippproben

In diesem Abschnitt soll der Einfluss der Textlänge auf die Erkennungsleistung untersucht werden. Beim Einsatz kurzer Texte wird dies in zwei Simulationsreihen analysiert, wobei in der ersten Reihe stets 15 und in der zweiten Reihe vier Tippproben zur Berechnung der Templates verwendet werden. Bei der Auswertung langer Texte werden ebenfalls stets vier Tippproben für das Enrolment verwendet. Im dritten Unterabschnitt wird die Simulationsreihe für kurze Texte mit vier Enrolmenttippproben mit der für lange Eingabetexte verglichen.

7.3.1 Verwendung kurzer Texte

Es wird die Erkennungsleistung bei Verwendung kurzer Eingabetexte untersucht, wobei zunächst für jede Simulation 15 Tippproben für das Enrolment verwendet werden. Hierfür werden Simulationen mit 20, 40, 60, 80 und ca. 100 Zeichen durchgeführt. Hierbei wird der Datensatz Freitext-Valid verwendet. Es werden die Standardparameter eingesetzt, wobei die Länge der Tippproben wie angegeben variiert wird.

In Abbildung 7.3 sind die DET Kurven zu den fünf Simulationen dargestellt, bei denen je 15 Tippproben für das Enrolment verwendet wurden. Die ursprünglichen Tippproben werden in den vier Szenarien entsprechend der jeweiligen Textmenge „abgeschnitten". Dies bedeutet, dass bei der Simulation mit Textmenge 20 Zeichen nur die ersten 20 Tastenaktivitäten einer jeden Tippprobe berücksichtigt werden. Dieses Vorgehen findet gleichermaßen auch bei den Benutzer- und Negativtippproben während des Trainings Anwendung. Eine entsprechende Vorgehensweise wird für die Simulationen mit 20, 40, 60 und 80 Zeichen umgesetzt. Bei der Simulation mit 100 Zeichen kommen die Tippproben in unveränderter Form vor. Die Negativtippproben werden aus dem Datensatz Freitext-Negative gezogen.

Es zeigt sich, dass das Verkürzen des zu tippenden Textes eine Verschlechterung der Erkennungsleistung bewirkt und umgekehrt. So ergibt sich bei

Verwendung von 20 Zeichen eine EER von 6,5%, bei 40 Zeichen 2,3%, bei
60 Zeichen 1,4%, bei 80 Zeichen 0,8% und bei ca. 100 Zeichen 0,6% EER
(vergleiche Abbildung 7.3).

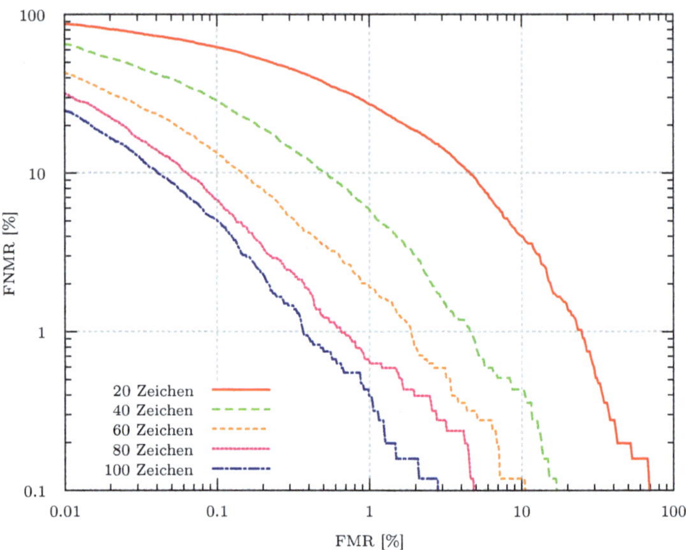

Abbildung 7.3: Erkennungsleistung bei Variation der Zeichenanzahl, kurze
Textlängen, 15 Enrolmenttippproben

Die zweite Simulationsreihe für kurze Texte ist analog wie die erste durchgeführt worden und unterscheidet sich nur durch die Verwendung von vier
anstatt 15 Tippproben für das Enrolment. Die DET Kurven dieser Simulationsreihe sind in Abbildung 7.4 zusammengefasst. Wie zu erwarten war,
ist die Erkennungsleistung wesentlich schlechter als in der ersten Simulationsreihe. Dies liegt an dem bereits vorher beschriebenen Zusammenhang
zwischen Umfang des Enrolments und Erkennungsleistung.

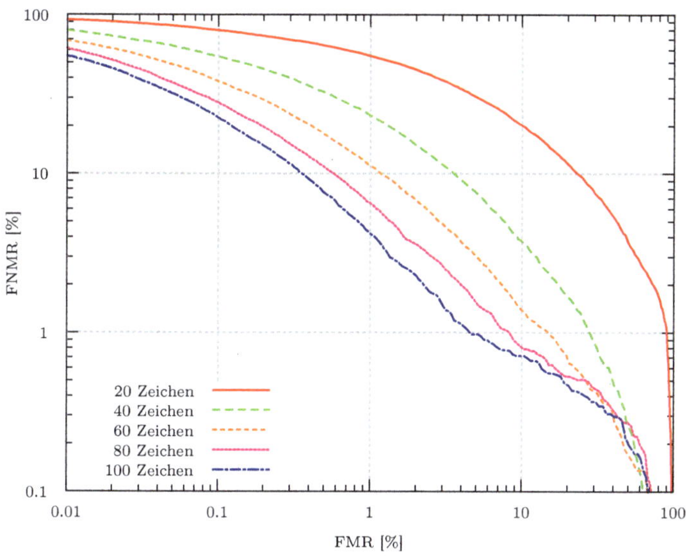

Abbildung 7.4: Erkennungsleistung bei Variation der Zeichenanzahl, kurze Textlängen, vier Enrolmenttippproben

7.3.2 Verwendung langer Texte

Nach der Analyse kurzer Texte soll nun untersucht werden, wie sich die Verwendung langer Eingabetexte auf die Erkennungsleistung auswirkt. Auch diese Simulationsreihe basiert wieder auf dem Datensatz Freitext-Valid. Die Standardparameter werden dahingehend abgeändert, dass im Folgenden lediglich vier statt 15 Tippproben für das Enrolment verwendet werden. Dies ist notwendig, da von jedem Benutzer jeweils nur 20 Tippproben der mittleren Länge 100 Zeichen vorliegen. Da Tippprobenlängen bis zu 400 Zeichen untersucht werden sollen, können für das Enrolment in diesem Fall nur vier Tippproben mit je 400 Zeichen gebildet werden. Um die vier Simulationen vergleichbar zu halten, werden jeweils vier Tippproben zur Berechnung der Templates herangezogen. Für die Simulation mit 100 Zeichen wird das normale Vorgehen gewählt mit dem Unterschied, dass nur vier Tippproben für das Enrolment herangezogen werden. Für die Simulation mit 200 Zeichen werden die 20 Tippproben eines jeden Benutzers durch paarweises Zusammenfügen zu zehn Tippproben der mittleren Länge 200 Zeichen umgewandelt, wobei die ersten vier dieser 200 Zeichen langen Tippproben für das Training verwendet werden. Analog wird mit den Negativ-Tippproben beim Training verfahren: Zunächst werden die Tippproben des Datensatzes Freitext-Negative paarweise zusammengefügt, danach 100 bzw. 150 Stück zufällig ausgewählt. Das Vorgehen für die Simulationen mit 300 und 400 Zeichen ist analog ausgestaltet.

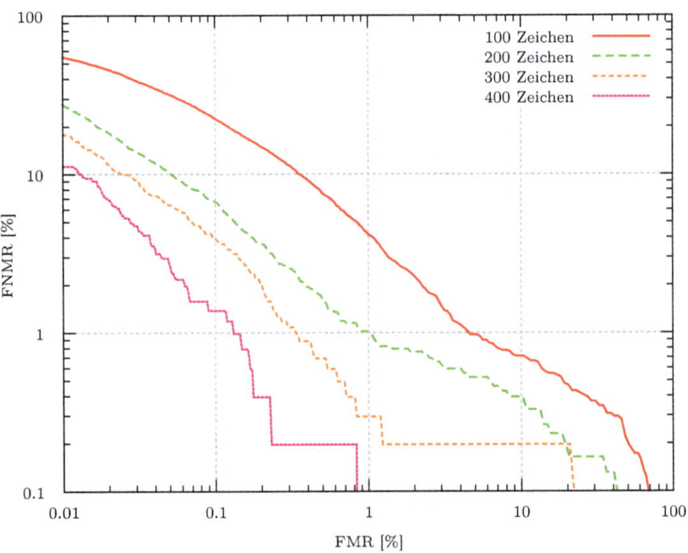

Abbildung 7.5: Erkennungsleistung bei Variation der Zeichenanzahl, lange Textlängen, vier Enrolmenttippproben

Abbildung 7.5 zeigt die DET Kurven für Tippproben der Länge 100, 200, 300 und 400 Zeichen. Man kann erkennen, dass die Erkennungsleistung stark mit der Länge der Tippproben ansteigt. So lässt sich mit Tippproben der

Länge 100 Zeichen eine EER von 2,1% erreichen, während mit 400 Zeichen eine EER von unter 0,3% erzielt wird.

7.3.3 Vergleich und Interpretation

In diesem Unterabschnitt werden die Ergebnisse der Simulationsreihe für kurze Textlängen mit vier Enrolmenttippproben mit der Simulationsreihe für lange Textlängen kombiniert. Die Erkennungsleistungen lassen sich gut miteinander vergleichen, da stets vier Tippproben für das Enrolment verwendet werden. Hierfür wird die EER betrachtet, die in Abbildung 7.6 für alle Textlängen zusammengefasst ist. Zusätzlich zu den Textlängen aus den beiden Simulationsreihen wurde noch die EER für 30, 150, 250 und 350 Zeichen bestimmt und in die Abbildung 7.6 mit aufgenommen, um die Abhängigkeit der EER von der Textlänge präziser darstellen zu können.

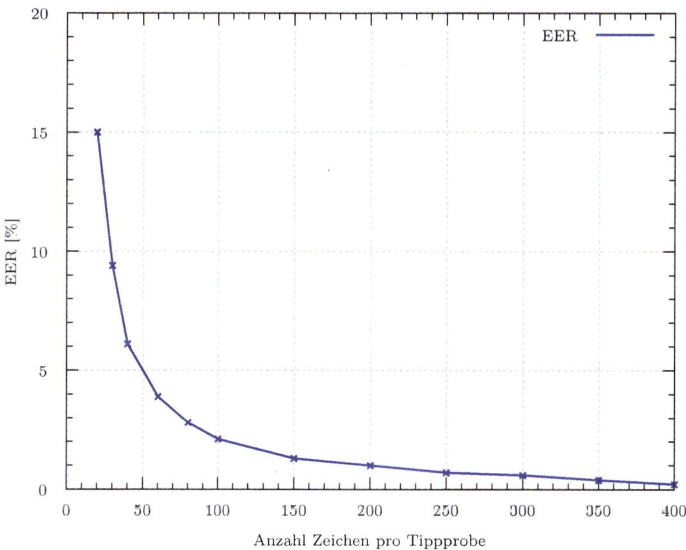

Abbildung 7.6: EER bei Variation der Zeichenanzahl, vier Enrolmenttippproben

Für die Simulation mit 150 Zeichen werden jeweils zwei Tippproben der Länge 100 Zeichen paarweise zusammengefügt und anschließend nur die ersten 150 Zeichen verwendet. Ein analoges Vorgehen wird bei 250 und 350 Zeichen angewendet. Auch bei diesen zusätzlichen Textlängen werden die Standardparameter, der Datensatz Freitext-Valid verwendet sowie jeweils vier Enrolmenttippproben.

Wie in Abbildung 7.6 zu erkennen ist, besteht ein stark nichtlinearer Zusammenhang zwischen Textlänge und EER. Für sehr kurze Textlängen von 20 Zeichen ergibt sich eine hohe EER von ca. 15%. Bereits mit 100 Zeichen lässt sich eine EER von 2,1% erreichen. Bei 400 Zeichen erhält man eine EER von unter 0,3%. Es sei an dieser Stelle erwähnt, dass die angegebene EER für die Textlängen 350 und 400 Zeichen wenig signifikant ist. Dies liegt daran, dass in diesen beiden Fällen je nur eine einzige Tippprobe pro Benutzer für die Bestimmung der FNMR zur Verfügung steht. Um für die Abhängigkeit von großen Textmengen signifikantere Aussagen zu ermöglichen, wäre eine umfangreichere Datenbasis erforderlich (mehr Benutzer und vor allem mehr Tippproben pro Benutzer).

Der festgestellte Zusammenhang zwischen der Länge der Tippproben und der erreichbaren Erkennungsleistung findet sich auch in vielen anderen Arbeiten auf dem Gebiet der Tippverhaltenserkennung. In [3, S. 229 ff] wird von einem exponentiellen Zusammenhang ausgegangen, in [53] wird eine solche Abhängigkeit vermutet.

8 Einordnung und Vergleich

8.1 Signifikanz der Ergebnisse

In diesem Abschnitt wird aufgezeigt, wie signifikant die erzielten Ergebnisse sind. Dies soll exemplarisch für die Standardparameter aus Tabelle 6.2 erfolgen, d. h. 15 Tippproben für das Enrolment ($g = 15$) und 80 bis 120 Zeichen pro Tippprobe. Der verwendete Datensatz Freitext-Valid verfügt über 507 Personen ($n = 507$) sowie einheitlich 20 Tippproben pro Benutzer ($m = 20$).

Das gewählte und im Folgenden beschriebene Vorgehen sowie die Notation folgen hierbei weitgehend [37, S. 44 f] und [54, S. 24 f], wobei im Rahmen dieser Arbeit neben der Signifikanz der FMR auch gleichzeitig die der FNMR betrachtet werden soll. Hierfür werden insgesamt β sogenannte Bootstrap-Samples $B_1, \ldots, B_\beta$ gebildet. Jedes dieser Samples besteht aus zwei Indexmengen, $\mathcal{X}_b$ für die Bestimmung der FMR und $\mathcal{Y}_b$ für die Bestimmung der FNMR mit $\mathcal{X}_b, \mathcal{Y}_b \subset \mathbb{N} \times \mathbb{N} \times \mathbb{N}$. Zur Bestimmung von $\mathcal{X}_b$ für ein Bootstrap-Sample B_b wird analog zu [37, S. 44 f] vorgegangen. Zunächst wird aus den n Benutzern eine Menge $v(1), \ldots, v(n)$ zufällig und mit Zurücklegen gezogen. Damit kann es vorkommen, dass derselbe Benutzer mehrfach in der Menge vorhanden ist. Von jedem der insgesamt n Benutzer $v(i)$ werden m Tippproben mit Zurücklegen ausgewählt $p(i, 1), \ldots, p(i, m)$. Für jeden Benutzer $v(i)$ werden $n-1$ nicht eigene Templates $t(i, 1), \ldots, t(i, n-1)$ mit Zurücklegen gezogen. Das bedeutet, dass unter den $n-1$ gezogenen Templates jedes Template vorkommen kann, das nicht vom Benutzer $v(i)$ stammt.

Die Indexmenge $\mathcal{X}_b$ ergibt sich zu:

$$\mathcal{X}_b = \{(v(i), p(i,k), t(i,j)) \mid i \in \{1,\ldots,n\}, j \in \{1,\ldots,n-1\}, \\ k \in \{1,\ldots,m\}\} \tag{8.1}$$

Die Bestimmung der Indexmenge $\mathcal{Y}_b$ erfolgt ähnlich. Es ist klar, dass hierfür nur $m - g$ Tippproben pro Benutzer $v(i)$ verwendet werden können. Die insgesamt g Tippproben, die für das Enrolment bzw. für das Erstellen des Profils verwendet wurden, können nicht mehr zur Bestimmung der FNMR herangezogen werden. Somit werden für jeden Benutzer $v(i)$ insgesamt $m-g$ Tippproben $p(i,1),\ldots,p(i,m-g)$ aus den Tippproben gezogen, die nicht für das Enrolment verwendet wurden.

Die Indexmenge $\mathcal{Y}_b$ ist daher definiert als:

$$\mathcal{Y}_b = \{(v(i), p(i,k), v(i)) \mid i \in \{1,\ldots,n\}, k \in \{1,\ldots,m-g\}\} \tag{8.2}$$

Mithilfe der beschriebenen Vorgehensweisen werden β Bootstrap-Samples $B_b = (\mathcal{X}_b, \mathcal{Y}_b)$ bestimmt, wobei $\mathcal{X}_b$ und $\mathcal{Y}_b$ jeweils unabhängig voneinander festgelegt werden. Somit ist jedes Bootstrap-Sample B_b genau genommen eine Kombination aus zwei unabhängigen Bootstrap-Samples, wie es auch bei [24] beschrieben wird. Ebenso findet sich in dieser Quelle eine detaillierte Darstellung unterschiedlicher Konzepte für das Bootstrapping.

Um gleichzeitig für die FMR und die FNMR die Signifikanz angeben zu können, wird ein sogenanntes „threshold averaging" verwendet. Eine gute Beschreibung zu dieser Thematik findet sich in [26]. Die folgenden Ausführungen bauen auf der dort beschriebenen Vorgehensweise auf. Für jedes Bootstrap-Sample B_b wird eine eigene DET Wertemenge $\mathcal{D}_b$ berechnet (siehe hierzu die Vorgehensweise in Abschnitt 7.1). Für die Bestimmung der zugehörigen $\text{FMR}_b(s_i)$ wird die Indexmenge $\mathcal{X}_b$, zur Bestimmung der $\text{FNMR}_b(s_i)$ die Indexmenge $\mathcal{Y}_b$ herangezogen und in Gleichung (7.1) bzw. (7.3) eingesetzt. Zur Bestimmung der insgesamt β DET Wertemengen wird eine einheitliche Menge von Schwellwerten $\mathcal{S}$ verwendet. Für jeden Schwellwert $s_i \in \mathcal{S}$ wird das Konfidenzintervall für die FMR und für die FNMR bestimmt. Zur Bestimmung der oberen und unteren Grenze für die FMR bei einem Schwellwert s_i werden die β einzelnen Werte betrachtet:

$$(\mathrm{FMR}_1(s_i), \mathrm{FMR}_2(s_i), \ldots, \mathrm{FMR}_\beta(s_i)) \tag{8.3}$$

Analog werden zur Bestimmung der Grenzen der FNMR die folgenden β Werte betrachtet:

$$(\mathrm{FNMR}_1(s_i), \mathrm{FNMR}_2(s_i), \ldots, \mathrm{FNMR}_\beta(s_i)) \tag{8.4}$$

Dabei bezeichnet $\mathrm{FMR}_b(s_i)$ die FMR zum Schwellwert s_i, die sich aus der DET Kurve für das b-te Bootstrap-Sample B_b ergibt. Analog ist der Wert $\mathrm{FNMR}_b(s_i)$ zu interpretieren.

Für die Bestimmung der $100(1-\alpha)\%$-Konfidenzintervalle von $\mathrm{FMR}(s_i)$ und $\mathrm{FNMR}(s_i)$ wird die sogenannte Perzentil-Methode verwendet. Eine detaillierte Beschreibung findet sich in [21] und [76], die im Folgenden angewendet und kompakt beschrieben wird. Für die untere Grenze der $\mathrm{FMR}(s_i)$ wird hierfür das $\frac{\alpha}{2}$-Quantil der insgesamt β Werte aus (8.3) verwendet. Als Obergrenze dient entsprechend der Wert des $(1-\frac{\alpha}{2})$-Quantiles. Die Bestimmung der Grenzen für die $\mathrm{FNMR}(s_i)$ verläuft analog, wobei hier natürlich die Werte aus (8.4) herangezogen werden.

Für die Bestimmung der 95%-Konfidenzintervalle ($\alpha = 0,05$) werden in der Literatur mindestens $\beta = 1000$ Bootstrap-Samples empfohlen [37, S. 45]. Für $\alpha = 0,01$ werden mindestens $\beta = 5000$ Bootstrap-Samples gefordert [37, S. 45]. In Abbildung 8.1 ist die DET Kurve mit 95%-Konfidenzintervallen für ausgewählte Schwellwerte angetragen. Es werden hierbei 1000 Bootstrap-Samples verwendet. Es ist naheliegend, dass die Bestimmung der Konfidenzintervalle sehr rechenintensiv ist, da insgesamt 1000 unterschiedliche DET Kurven bzw. DET Wertemengen berechnet werden müssen. Daher wird im Rahmen dieser Arbeit nur für wenige, ausgewählte Abbildungen dieses Verfahren angewendet.

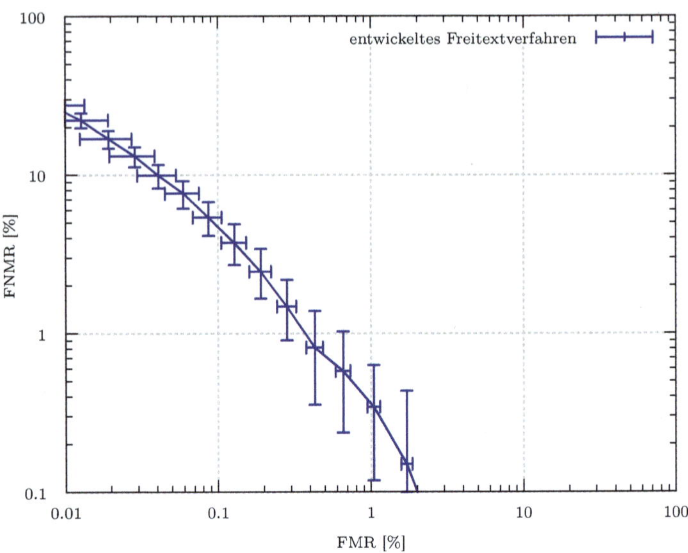

Abbildung 8.1: Erkennungsleistung des entwickelten Freitextverfahrens mit 95%-Konfidenzintervall

8.2 Vergleich mit Festtextverfahren

In diesem Abschnitt soll die Erkennungsleistung des entwickelten Freitextverfahrens mit der des Festtextverfahrens nach Bakdi [3] verglichen werden. Hierzu werden drei Simulationen durchgeführt, bei denen einheitlich der Datensatz Hybrid-Valid als Grundlage dient. Für das Enrolment werden stets neun Tippproben verwendet. Bei der ersten Simulation wird das Festtextverfahren nach Bakdi herangezogen, wobei ausschließlich die 15 Festtexttippproben der Benutzer eingesetzt werden. In der zweiten Simulation wird das entwickelte Freitextverfahren verwendet, um das Tippverhalten auf Basis der Festtexttippproben zu analysieren. Für die dritte Simulation wird das Freitextverfahren auf die 20 Freitexttippproben angewendet, wobei die Tippproben bei der Länge 53 Zeichen abgeschnitten werden, um die Vergleichbarkeit mit den ersten beiden Simulationen zu wahren. Dabei kommt die in Abschnitt 8.1 geschilderte Vorgehensweise mit 95%-Konfidenzintervallen und $\beta = 1000$ Bootstrap-Samples zum Einsatz. In Abbildung 8.2 sind die drei DET Kurven angetragen. Dabei sind jeweils die rechten oberen und die linken unteren Ecken der Konfidenzintervalle durch gestrichelte Linien verbunden.

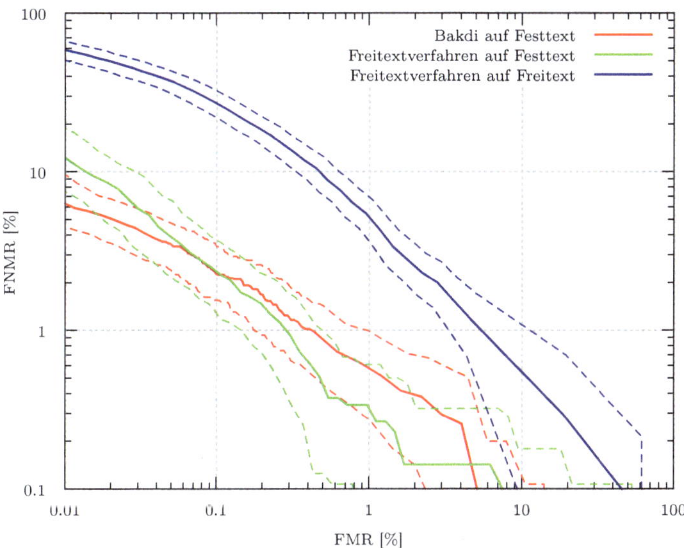

Abbildung 8.2: Erkennungsleistung des Freitextverfahrens und des Festtextverfahrens nach Bakdi mit 95%-Konfidenzintervall

Als Ergebnis lässt sich festhalten, dass unter den beschriebenen Bedingungen die Verwendung des Freitextverfahrens mit Freitexttippproben signifikant schlechtere Ergebnisse liefert als das Festtextverfahren nach Bakdi. So erzielt das Freitextverfahren eine EER von ca. 2,3% und das Verfahren nach Bakdi eine EER von ca. 0,7%. Es stellt sich somit die Frage, ob das entwickelte Freitextverfahren grundsätzlich keine hohe Trennschärfe erlaubt oder ob dies an einer geringeren Vergleichbarkeit von Freitexttippproben liegt.

Aus diesem Grund wird die Simulation durchgeführt, bei der das Freitextverfahren auf Festtexttippproben angewendet wird. Das Freitextverfahren
erreicht hierbei eine ähnlich hohe Erkennungsleistung wie Bakdi, wobei das
Festtextverfahren nach Bakdi ab einer FMR von ca. 0,1% eine tendenziell
bessere Trennschärfe ermöglicht. Oberhalb von ca. 0,1% FMR ist das entwickelte Freitextverfahren tendenziell besser. Jedoch überlagern sich im gesamten Wertebereich die Konfidenzintervalle der beiden DET Kurven. Das
führt zu dem Schluss, dass das entwickelte Freitextverfahren vergleichbar
trennscharf ist wie das Verfahren nach Bakdi. Die wesentlich schlechtere
Erkennungsleistung lässt sich somit vor allem durch die beschränkte Vergleichbarkeit von Freitexttippproben erklären.

8.3 Vergleich mit Freitextverfahren

Abschließend soll das entwickelte Freitextverfahren mit den fünf näher betrachteten Verfahren aus der Literatur verglichen werden, welche in Abschnitt 3.4 detailliert betrachtet werden. Hierzu werden drei Simulationen
mit dem entwickelten Verfahren durchgeführt. Hierbei werden die Textlänge
und die Anzahl der Enrolmenttippproben jeweils so angepasst, dass das entwickelte Verfahren mit denen aus der Literatur verglichen werden kann. Als
Datenbasis dient jeweils der Datensatz Freitext-Valid.
Die erste Simulation soll die Vergleichbarkeit zu Bartmann und Bergadano
herstellen. Hierzu werden die Standardparameter verwendet, wobei sieben
Tippproben beim Enrolment eingesetzt werden. Die Tippproben der Länge 150 Zeichen werden erzeugt, indem die ursprünglichen 20 Tippproben
der mittleren Länge 100 Zeichen paarweise zusammengefügt und anschließend bei 150 Zeichen abgeschnitten werden. Bei Verwendung von sieben
Enrolmenttippproben verbleiben somit drei Tippproben zur Bestimmung
der FNMR pro Benutzer. Die Negativtippproben werden analog zu den
Benutzertippproben behandelt. Wie bisher stammen diese Tippproben aus
dem Datensatz Freitext-Negative.

Bezeichnung	Bartmann	Bergadano	entw. Verfahren
CUA	150	150	150
CUE	ca. 5000	ca. 1028	1050
Trennschärfe	3,0% EER	8,8% FRR 5,0% FAR	0,66% EER

Tabelle 8.1: Erkennungsleistung im Vergleich mit Bartmann und Bergadano (erste Simulation)

Die Tabelle 8.1 zeigt den Vergleich des entwickelten Verfahrens mit Bartmann und Bergadano. Die Werte für die beiden letztgenannten Verfahren wurden aus den entsprechenden Veröffentlichungen [5, S. 147 ff] bzw. [8] entnommen. Es zeigt sich hierbei, dass das neu entwickelte Verfahren mit einer EER von 0,66% eine wesentlich bessere Trennschärfe ermöglicht als die beiden anderen Verfahren. Bartmann erreicht eine EER von 3,0%, verwendet hierfür aber ein wesentlich umfangreicheres Enrolment mit 5000 Zeichen. Bergadano erzielt seine Erkennungsleistung von 8,8% FRR und 5,0% FAR bei vergleichbaren Bedingungen im Hinblick auf das Enrolment.

Die zweite Simulation soll die Vergleichbarkeit zu Gunetti und Shimshon ermöglichen. Hierzu werden Tippproben mit einer Länge von ca. 200 Zeichen verwendet. Auch hier werden zwei Tippproben der mittleren Länge 100 Zeichen zu einer Tippprobe zusammengefügt. Für das Enrolment werden sieben Tippproben verwendet, um noch jeweils drei Tippproben für die Bestimmung der FNMR zur Verfügung zu haben. Eine ideale Vergleichbarkeit wäre bei 14 Enrolmenttippproben gegeben, doch dies lässt sich mit dem Datensatz Freitext-Valid nicht realisieren, da für jeden Benutzer nur 20 Tippproben der Länge 100 bzw. zehn Tippproben der Länge 200 verfügbar sind. In Tabelle 8.2 findet sich der Vergleich des entwickelten Verfahrens mit Gunetti und Shimshon. Sowohl Gunetti als auch Shimshon verwenden Tippproben der mittleren Länge 195 Zeichen. Auch das Enrolment ist bei beiden Verfahren mit ca. 2730 Zeichen gleich umfangreich. Dies ist dadurch zu erklären, dass Shimshon sein Verfahren als Weiterentwicklung von Gunetti entworfen hat und als Datenbasis eine Teilmenge der Daten von

Gunetti verwendet, siehe [77].

Bezeichnung	Gunetti	Shimshon	entw. Verfahren
CUA	ca. 195	ca. 195	ca. 200
CUE	ca. 2730	ca. 2730	ca. 1400
Trennschärfe	29,2% FRR 0,40% FAR	23,8% FRR 0,12% FAR	2,6%　FNMR 0,10% FMR

Tabelle 8.2: Erkennungsleistung im Vergleich mit Gunetti und Shimshon (zweite Simulation)

Das entwickelte Verfahren hat mit einer FNMR von 2,6% und einer FMR von 0,10% die beste Trennschärfe in diesem Vergleich. Dabei sei angemerkt, dass bei der Simulation nur ein ca. halb so umfangreiches Enrolment verwendet wurde wie bei den beiden anderen Verfahren (1400 statt 2730 Zeichen). Gunetti [32] erzielt in diesem Vergleich 29,2% FRR und 0,40% FAR, Shimshon [77] 23,8% FRR und 0,12% FAR.

Die dritte Simulation wird durchgeführt, um die Vergleichbarkeit mit Rybnik herzustellen. Hierfür werden Tippproben der Länge 55 Zeichen verwendet. Die Tippproben, die eine Länge von 80 bis 120 Zeichen haben, werden hierfür passend abgeschnitten. Das Enrolment erfolgt mit vier Tippproben, also insgesamt mit 220 Zeichen. Das Ergebnis der dritten Simulation sowie die Werte für Rybnik sind in Tabelle 8.3 angetragen.

Bezeichnung	Rybnik	entw. Verfahren
CUA	55	55
CUE	220	220
Trennschärfe	75,68% CA	4,2% EER

Tabelle 8.3: Erkennungsleistung verglichen mit Rybnik (dritte Simulation)

Das entwickelte Verfahren erreicht bei einem Enrolment von 220 Zeichen und Tippproben der Länge 55 Zeichen eine EER von 4,2%. Dieses Ergebnis lässt sich leider nicht mit Rybnik vergleichen, da hier eine Klassifikation mit 37 Benutzern und keine Verifizierung durchgeführt wurde [71]. Leider finden sich bei Rybnik keine Auswertungen für den Einsatz zur Verifizierung. Aus Gründen der Vollständigkeit soll die Erkennungsleistung der beiden Verfahren dennoch angegeben werden.

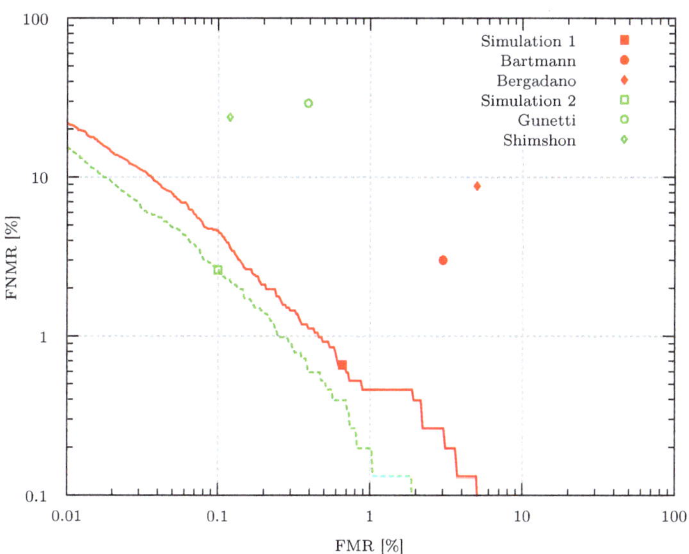

Abbildung 8.3: Erkennungsleistung des entwickelten Freitextverfahrens im Vergleich mit Verfahren aus der Literatur

In Abbildung 8.3 sind die DET Kurven der ersten und zweiten Simulation angetragen sowie die Werte aus den Tabellen 8.1 und 8.2. Die DET Kurve der dritten Simulation wird weggelassen, da ein Vergleich mit Rybnik nicht möglich ist. Man kann auch anhand der Abbildung gut erkennen, dass das neue Verfahren deutlich trennschärfer ist als die vier aus der Literatur. Dabei ist jedoch zu beachten, dass die Werte für das entwickelte Verfahren und die Werte für die Verfahren aus der Literatur auf unterschiedlichen Datensätzen beruhen. Für einen exakten Vergleich wäre es nötig, alle Verfahren auf Basis eines einheitlichen Datensatzes auszuwerten. Hierfür wäre es jedoch erforderlich, die Programmcodes der anderen Verfahren zu besitzen, was nicht der Fall ist. Ebenso wenig stehen die in den anderen Verfahren jeweils verwendeten Datensätze zur Verfügung. An dieser Stelle soll ebenfalls erwähnt werden, dass die Verfahren nach Bartmann [5], Bergadano [8], Gunetti [32] und Shimshon [77] jeweils decision error rates angeben (FAR und FRR), während die Erkennungsleistung des entwickelten Verfahrens in matching error rates (FMR und FNMR) beschrieben ist. Aufgrund der Tatsache, dass weder in den publizierten Verfahren noch im Rahmen dieser Arbeit eine FTA angegeben bzw. bestimmt werden kann, soll der Unterschied zwischen matching und decision error rates an dieser Stelle vernachlässigt werden.

Teil IV

Negative Identifizierung mit Fest- und Freitext

9 Grundlagen zur negativen Identifizierung

9.1 Unterschiede zur Verifizierung

Grundsätzlich unterscheidet sich die (negative) Identifizierung deutlich von der zuvor betrachteten Verifizierung. Bei Zweiterer stellt der Benutzer die Behauptung auf, dass er bezüglich eines konkreten Templates zugangsberechtigt ist. Bei der hier untersuchten negativen Identifizierung stellt der Benutzer stets die Behauptung auf, dass von ihm kein Template in der Datenbank vorliegt. Dies impliziert, dass Abgleiche gegen alle Templates der Datenbank durchgeführt werden müssen.

Gemäß [54, S. 5 f] sind die Fehlerraten FAR und FRR stets auf die Annahme bzw. Ablehnung einer Transaktion bezogen, die auf einer falschen bzw. wahren Behauptung basieren. Die FAR wird durch das Verhältnis von angenommenen Transaktionen basierend auf einer falschen Behauptung zu allen Transaktionen mit einer falschen Behauptung beschrieben. Analog wird die FRR als das Verhältnis von abgelehnten Transaktionen basierend auf einer korrekten Behauptung zu allen Transaktionen mit einer korrekten Behauptung definiert. Als Transaktion wird allgemein der Versuch eines Benutzers bezeichnet, eine behauptete (Nicht-) Identität durch die Abgabe von einem oder mehreren Samples zu bestätigen [54, S. 3]. Nach [54, S. 5 f] beinhalten die FAR und FRR die FTA. Auf diese wird jedoch im Rahmen dieser Arbeit nicht eingegangen, da Tippproben mit ungenügender Qualität bei den Datensammlungen nicht mit aufgezeichnet wurden.

Für die im Rahmen dieser Arbeit verwendete negative Identifizierung ist die korrekte Zuordnung zu einem bestimmten Template nicht erforderlich. Es muss lediglich entschieden werden, ob ein Template in der Datenbank vorliegt, zu dem das aktuell vom Benutzer präsentierte Tippverhalten passt oder nicht. Es ist somit naheliegend, dass die Erkennungsleistung bei der (negativen) Identifizierung von der Anzahl n an Templates in der Datenbank abhängt. Bei der Verifizierung hingegen hat dies keinen Einfluss, da dort immer nur eine Tippprobe gegen genau ein Template abgeglichen wird.

9.2 Verwendetes Testdesign

Für die Auswertungen zur negativen Identifizierung wird ein spezielles Testdesign benötigt, das im Folgenden beschrieben wird. Hierzu werden n unterschiedliche Benutzer betrachtet, von denen jeder über mindestens m Tippproben verfügt. Zunächst werden für jeden der n Benutzer $t \geq 2$ Templates erstellt, da für jeden Benutzer sowohl die wahre als auch die falsche Behauptung, noch nicht in der Datenbank bekannt zu sein, überprüft werden soll. Für jedes Template werden $g = \#P_B$ Benutzertippproben beim Enrolment verwendet. Somit muss jeder Benutzer über mindestens $m \geq t \cdot g$ Tippproben verfügen. Das Template T_{ij} bezeichnet dabei das j-te Template des i-ten Benutzers. Die Struktur der Indizes der Templates bei der Identifizierung ist in Abbildung 9.1 skizziert. Die Gesamtheit der insgesamt $n \cdot t$ Templates wird auch als Pool P bezeichnet. Für das Training des ersten Templates T_{i1} werden die Tippproben $1, \ldots, g$, für das zweite Template T_{i2} die Tippproben $g + 1, \ldots, 2 \cdot g$ verwendet usw. Die Sortierung der Tippproben eines Benutzers ist jeweils chronologisch, d. h. die zuerst vom Benutzer abgegebene Tippprobe hat den Index 1, die zuletzt abgegebene Tippprobe den Index m.

Im Folgenden soll $A(T_{ij}, T_{kl})$ den Abgleich zwischen zwei Templates T_{ij} und T_{kl} bezeichnen. Das Ergebnis des Abgleiches ist ein reeller Zahlenwert, der als Maß für die Ähnlichkeit der zwei Templates gesehen wird. Ein großer

Wert steht für eine hohe Ähnlichkeit und umgekehrt. Es stellt sich hierbei die Frage, wie zwei Templates miteinander verglichen werden sollen. Bisher (bei der Verifizierung) wurde stets eine Tippprobe mit einem Template verglichen. Zur Bestimmung von $A(T_{ij}, T_{kl})$ werden bei der Indentifizierung insgesamt $2 \cdot g$ einzelne Abgleiche durchgeführt. Zunächst berechnet man g Werte, indem man alle Tippproben, mit denen T_{ij} trainiert wurden, mit T_{kl} abgleicht. Ebenso werden alle Tippproben, mit denen T_{kl} trainiert wurde, mit dem Template T_{ij} abgeglichen. Diese insgesamt $2 \cdot g$ Werte werden nun durch eine Mittelwertbildung zu einer reellen Zahl verdichtet. Es ist klar, dass ein solcher Template-Template Abgleich symmetrisch ist, d. h. $A(T_{ij}, T_{kl}) = A(T_{kl}, T_{ij})$. Die beschriebene Vorgehensweise zur Berechnung eines Template-Template Abgleiches hat sich als gut geeignet in Bezug auf die Trennschärfe erwiesen und wurde aus [83] übernommen.

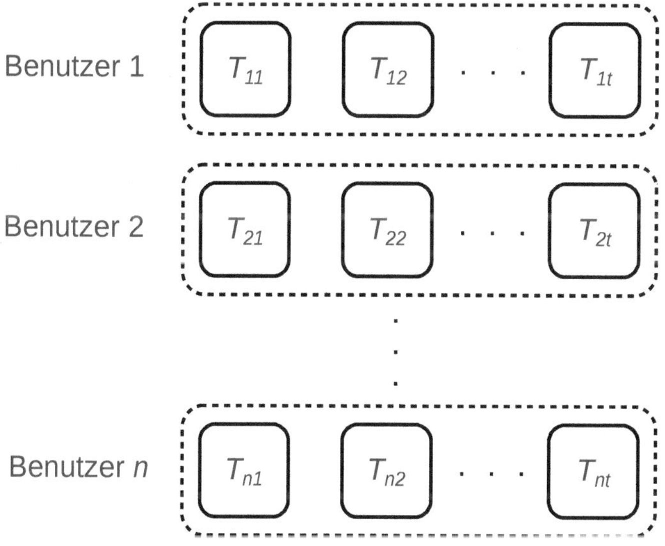

Abbildung 9.1: Visualisierung eines Pools aus n Benutzern mit jeweils t Templates

Der Benutzer stellt die Behauptung auf, dem System noch unbekannt zu sein, d. h. dass von ihm kein Template im Pool vorhanden ist. Zur Bestimmung der FAR und FRR werden zunächst für jeden Benutzer i zwei Werte W_i und F_i bestimmt. Dabei ist F_i der maximale Wert aller Abgleiche, den der Benutzer i im Rahmen einer falschen Behauptung erzielt. Konkret bedeutet dies, dass neben $n-1$ Templates anderer Benutzer auch $t-1$ Templates des gleichen Benutzers i bereits in der Datenbank vorhanden sind. Somit ergibt sich dieses Maximum als:

$$F_i = \max\{\{A(T_{it}, T_{k1}) \mid k \neq i \in \{1, \ldots, n\}\} \cup$$
$$\{A(T_{it}, T_{il}) \mid l \in \{1, \ldots, t-1\}\}\} \tag{9.1}$$

Der Wert W_i gibt das Maximum aller Abgleiche an, das der Benutzer i im Rahmen einer wahren Behauptung erzielt. Somit werden $n-1$ Abgleiche mit den ersten Templates aller anderen Benutzer betrachtet:

$$W_i = \max\{A(T_{i1}, T_{k1}) \mid k \neq i \in \{1, \ldots, n\}\} \tag{9.2}$$

Mithilfe der Werte $F_1, \ldots, F_n$ lässt sich nun die FAR bestimmen:

$$\mathrm{FAR}(s) = \frac{1}{n}\#\{F_i \mid F_i < s\} \tag{9.3}$$

Analog wird die FRR mithilfe von $W_1, \ldots, W_n$ berechnet:

$$\mathrm{FRR}(s) = \frac{1}{n}\#\{W_i \mid W_i \geq s\} \tag{9.4}$$

Anschaulich bedeutet dies, dass ein Benutzer als in der Datenbank vorhanden interpretiert wird, wenn der höchste gefundene Wert für die Abgleiche mit dem Datenbestand größer oder gleich einem Schwellwert s ist. Ähnlich wie bei der Verifizierung in Abschnitt 7.1 lässt sich eine DET Wertemenge angeben, wenn eine Menge $\mathcal{S} = \{s_1, \ldots, s_S\}$ von Schwellwerten gegeben ist:

$$\mathcal{D} := \{(\mathrm{FAR}(s_1), \mathrm{FRR}(s_1), s_1), \ldots, (\mathrm{FAR}(s_S), \mathrm{FRR}(s_S), s_S)\} \tag{9.5}$$

Durch Antragen der Wertepaare $(\mathrm{FAR}(s_i), \mathrm{FRR}(s_i))$ aus der Menge $\mathcal{D}$ lässt sich eine DET Kurve erzeugen. Um exaktere Werte für die DET Wertemenge bzw. Kurve zu erhalten, werden in den Auswertungen der folgenden Kapitel durch Mittelung über mehrere Pools die Werte bestimmt. Hierzu wird eine Anzahl $N > n$ an Benutzern benötigt. Es werden insgesamt m_{PL} einzelne Pools PL_γ bestimmt, die jeweils aus n Benutzern aufgebaut sind. Die m_{PL} Wertemengen $\mathcal{D}_\gamma$ ergeben sich aus der Auswertung der einzelnen Pools PL_γ. Ein einzelner Pool wird dabei erzeugt, indem aus der Menge mit N Benutzern n Benutzer zufällig durch Ziehen ohne Zurücklegen ausgewählt werden. Zur Bestimmung der insgesamt m_{PL} DET Wertemengen wird eine einheitliche Menge von Schwellwerten $\mathcal{S}$ verwendet. Die DET Wertemenge $\mathcal{D}$ wird analog wie beim threshold averaging in [26] als einfaches Mittel aus den m_{PL} DET Wertemengen $\mathcal{D}_1, \ldots, \mathcal{D}_{m_{PL}}$ berechnet. Aus Rechenzeit- und Übersichtlichkeitsgründen wird auf Signifikanzbetrachtungen in den meisten Simulationen bzw. Abbildungen verzichtet. Nur in ausgewählten Fällen soll dies erfolgen. Hierzu werden wie zuvor beschrieben wieder m_{PL} einzelne Pools betrachtet und daraus m_{PL} DET Wertemengen bestimmt. Bei der Bestimmung der Konfidenzintervalle sind die m_{PL} Pools jedoch disjunkt zu wählen, d. h. dass jeder der insgesamt N Benutzer höchstens in einem der m_{PL} Pools vorkommen soll. Jeder Pool soll über exakt n Benutzer verfügen. Daher ergibt sich als Voraussetzung für die Wahl der disjunkten Pools:

$$N \geq m_{PL} \cdot n \tag{9.6}$$

Es sollen wieder β Bootstrap Samples B_b erzeugt werden. Hierzu werden β DET Wertemengen $\mathcal{D}_b$ benötigt:

$$\mathcal{D}_b := \{(\mathrm{FAR}_b(s_1), \mathrm{FRR}_b(s_1), s_1), ..., (\mathrm{FAR}_b(s_S), \mathrm{FRR}_b(s_S), s_S)\} \tag{9.7}$$

Jede der β DET Wertemengen $\mathcal{D}_b$ wird hierbei erzeugt, indem aus der Menge der DET Wertemengen $\{\mathcal{D}_1, \ldots, \mathcal{D}_{m_{PL}}\}$ m_{PL} DET Wertemengen durch m_{PL}-maliges Ziehen mit Zurücklegen ausgewählt und gemittelt werden. Diese prinzipielle Vorgehensweise findet sich z. B. bei [76]. Zu jedem Schwellwert $s_i \in \mathcal{S}$ wird das Konfidenzintervall für die FAR und für die FRR bestimmt. Die Festlegung der Grenzen für die FAR bei dem Schwellwert s_i erfolgt durch die β einzelnen Werte:

$$(\mathrm{FAR}_1(s_i), \mathrm{FAR}_2(s_i), \ldots, \mathrm{FAR}_\beta(s_i)) \tag{9.8}$$

Analog werden zur Bestimmung der Grenzen der FRR die folgenden Werte betrachtet:

$$(\mathrm{FRR}_1(s_i), \mathrm{FRR}_2(s_i), \ldots, \mathrm{FRR}_\beta(s_i)) \tag{9.9}$$

Für die Berechnung der $100(1-\alpha)\%$-Konfidenzintervalle für $\mathrm{FAR}(s_i)$ und $\mathrm{FRR}(s_i)$ wird, wie in Abschnitt 8.1 beschrieben, die Perzentil-Methode nach [21] und [76] verwendet. Die untere Grenze der $\mathrm{FAR}(s_i)$ wird durch das $\frac{\alpha}{2}$-Quantil der insgesamt β Werte aus (9.8) definiert. Die obere Grenze für $\mathrm{FAR}(s_i)$ ist durch das $(1 - \frac{\alpha}{2})$-Quantil gegeben. Analog werden die untere und obere Grenze für die $\mathrm{FRR}(s_i)$ bestimmt, wobei die Werte aus (9.9) herangezogen werden. Im Rahmen der Arbeit werden 95%-Konfidenzintervalle verwendet, wobei $\beta = 1000$ Bootstrap-Samples empfohlen werden [37, S. 45].

9.3 Berechnung der Templates

Bei der negativen Identifizierung werden, wie in Abschnitt 9.2 beschrieben, stets Abgleiche zwischen Templates durchgeführt. Es stellt sich daher die Frage, wie genau diese Templates erzeugt werden sollen. Jedes Template wird auf Basis von g Tippproben berechnet. Man könnte aber auch ein Template basierend auf einer einzigen langen Tippprobe berechnen, die durch Zusammenfügen der g Tippproben erzeugt wird. Um festzustellen, ob man mit g einzelnen oder mit einer langen Tippprobe eine bessere Trennschärfe erreichen kann, werden spezielle Simulationen durchgeführt.

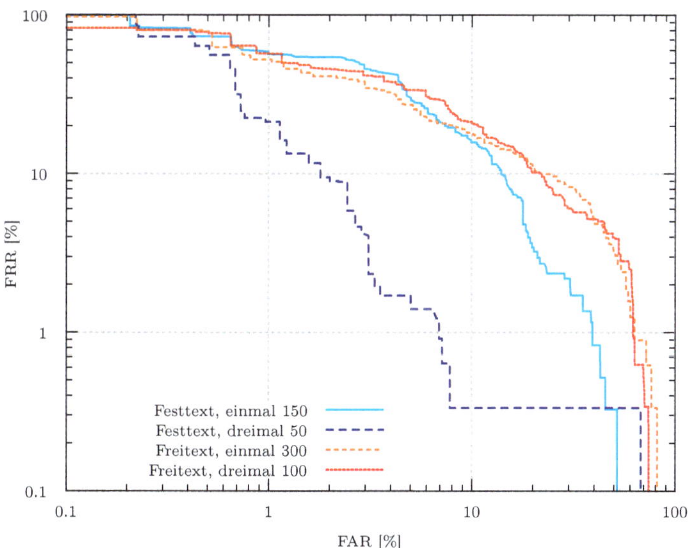

Abbildung 9.2: Erkennungsleistung bei unterschiedlicher Berechnungsart der Templates

In Abbildung 9.2 sind die DET Kurven für die negative Identifizierung mit Fest- oder Freitext angetragen. Die Einstellungen bzw. Parameter wurden gemäß Tabelle 10.1 bzw. 11.1 gewählt. Am Beispiel von drei Tippproben pro Template und 300 Benutzern wird dargestellt, welche Vorgehensweise für Fest- und Freitext eine höhere Trennschärfe erlaubt. Es fällt auf, dass bei der Identifizierung mit Festtext eine wesentlich höhere Trennschärfe erreicht wird, wenn man drei Tippproben mit der Länge 50 Zeichen anstelle von einmalig 150 Zeichen zur Berechnung der Templates verwendet. Somit lässt sich eine EER von ca. 3,1% anstele von 12,5% EER erreichen. Bei der Identifizierung mit Freitext hingegen liefert die Verwendung von drei Tippproben der Länge 100 Zeichen eine vergleichbare Trennschärfe (15,0% EER) wie die Verwendung von einmalig 300 Zeichen (14,4% EER). Es lässt sich also festhalten, dass der Einsatz von drei einzelnen Tippproben bei Festtext deutlich bessere und bei Freitext vergleichbar gute Ergebnisse liefert wie die Verwendung einer einzigen, dreifachen Trippprobe. Daher werden im Rahmen dieser Arbeit stets die g Tippproben einzeln für die Berechnung der Templates verwendet.

10 Verwendung von Festtext

Als erstes soll die Verwendung von festen Eingabetexten bei der negativen Identifizierung genauer untersucht werden. Hierzu wird der Datensatz „Festtext-Valid" verwendet. Die erforderlichen Negativbeispiele werden aus dem Datensatz „Festtext-Negative" gewonnen. Eine Übersicht zu den Datenbasen befindet sich in Tabelle 4.1. Als Festtextverfahren wird jenes nach Bakdi eingesetzt, welches sich im Rahmen des Vergleichs mehrerer Festtextverfahren in Abschnitt 3.3 als besonders geeignet erwiesen hat. Um die einzelnen Ergebnisse vergleichen zu können, werden einheitliche Parameter verwendet, die bei den jeweiligen Analysen gezielt abgeändert werden. Tabelle 10.1 listet die Standardparameter bei der negativen Identifizierung mit festen Eingabetexten auf.

Anzahl Enrolmenttippproben g	3
Anzahl Benutzer bzw. Poolgröße n	300
Anzahl Templates pro Benutzer t	2
Anzahl gemittleter Pools m_{PL}	100
Anzahl aller Benutzer N	ca. 1200
Datensatz Auswertung	Festtext-Valid
Datensatz Negativtippproben	Festtext-Negative
Länge der Tippproben	53 Zeichen
Verfahren	Bakdi [3]
Testdesign	Abschnitt 9.2

Tabelle 10.1: Standardparameter bei Identifizierung mit Festtext

Das verwendete Testdesign zur Bestimmung der DET Kurven bzw. Wertemengen ist in Abschnitt 9.2 beschrieben. Die in Tabelle 10.1 verwendete Notation bezieht sich auf diesen Abschnitt. Bei dem Datensatz Festtext-

Valid weisen von den insgesamt 1708 Benutzern ca. 1200 Benutzer zwölf oder mehr Tippproben auf. Da bei den Simulationen bis zu zwölf Tippproben pro Benutzer benötigt werden, werden für die Auswertungen diese 1200 Benutzer ausgewählt. Im Folgenden soll die Abhängigkeit der Erkennungsleistung von den Einflussgrößen Textmenge[1] g, Poolgröße n und Anzahl der Templates t eines Benutzers untersucht werden. Hierzu werden die entsprechenden Parameter geeignet variiert.

10.1 Abhängigkeit von Textmenge

Zunächst soll die Abhängigkeit der Erkennungsleistung von der verwendeten Textmenge analysiert werden. Hierzu werden die Einstellungen bzw. Parameter aus Tabelle 10.1 verwendet. Zur Untersuchung der Abhängigkeit von der Textmenge wird der Parameter g variiert. Die restlichen Parameter aus Tabelle 10.1 bleiben unverändert. Abbildung 10.1 zeigt die DET Kurven für $g = 1, 2, 3, 4, 5, 6$ Enrolmenttippproben. Dies entspricht bei einer Tippprobenlänge von 53 Zeichen[2] einer Textmenge von ca. 50, 100, 150, 200, 250 und 300 Zeichen. Wie zu erwarten ist, besteht ein starker Zusammenhang zwischen Anzahl der Enrolmenttippproben und der erzielbaren Trennschärfe. So lässt sich mit einer Tippprobe eine EER von ca. 22% erreichen, während mit zwei Tippproben eine EER von ca. 7,3% erzielt wird. Mit sechs Tippproben lässt sich die EER auf ca. 1,4% reduzieren. Dies lässt sich damit erklären, dass mit dem Vorliegen von mehr Tippproben die Templates für die einzelnen Benutzer exakter bestimmt werden können und somit auch die Identifizierung exaktere Ergebnisse liefert. Bakdi [3, S. 232 f] erwähnt diesbezüglich, dass das Verwenden von mehr Tippproben zur Templateberechnung bezüglich der Verifizierung bessere Ergebnisse liefert. Dies lässt sich auch auf die negative Identifizierung übertragen.

---

[1]Der Parameter g steht eigentlich für die Anzahl an Enrolmenttippproben, was jedoch äquivalent zur benötigten Textmenge ist, da die Tippproben eine einheitliche Länge haben.

[2]Diese 53 Zeichen beinhalten auch Umschalt- und Leertasten.

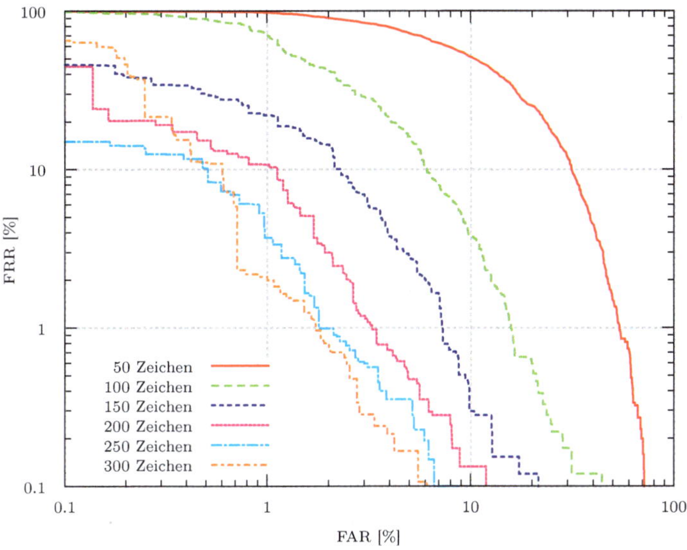

Abbildung 10.1: Erkennungsleistung in Abhängigkeit von Textmenge

10.2 Abhängigkeit von Poolgröße

In diesem Abschnitt wird der Einfluss der Poolgröße n bzw. der Anzahl an Benutzern untersucht. Es ist bekannt, dass die Anzahl n an Benutzern bei der (negativen) Identifizierung einen Einfluss auf die Erkennungsleistung hat [12].

Um diesen Zusammenhang aufzeigen zu können, werden entsprechende Simulationen vorgenommen. Hierfür werden wieder die Standardparameter aus Tabelle 10.1 verwendet, wobei der Parameter n variiert wird. In Abbildung 10.2 sind die DET Kurven für ausgewählte Benutzerzahlen angetragen. Dabei fällt auf, dass die Trennschärfe mit steigender Anzahl n an Benutzern abnimmt. Dies lässt sich dadurch erklären, dass mit einer zunehmenden Anzahl von Benutzern die Wahrscheinlichkeit steigt, dass ein Template fälschlicherweise mit dem Template eines anderen Benutzers einen hohen Abgleichswert erhält. Dieser Effekt erhöht bei einem festen Schwellwert die FRR, erniedrigt aber gleichzeitig die FAR. Hier sinkt mit zunehmender Benutzeranzahl die Wahrscheinlichkeit, dass kein einziger Abgleichswert oberhalb des Schwellwertes liegt.

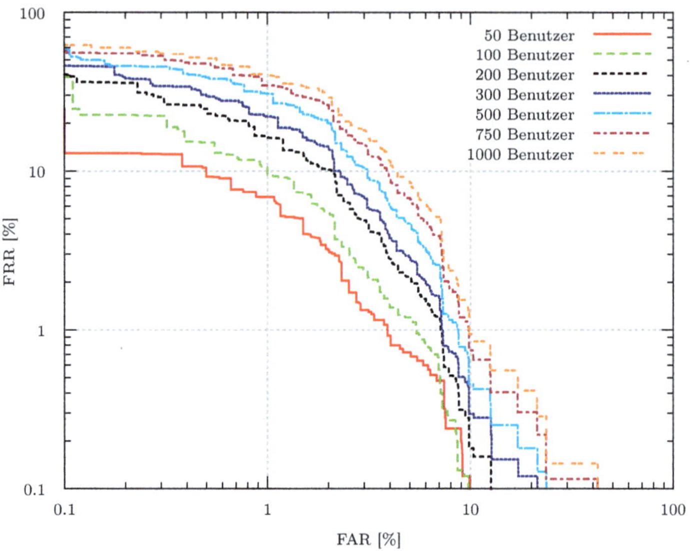

Abbildung 10.2: Erkennungsleistung in Abhängigkeit von Poolgröße

Um die Abhängigkeit der Trennschärfe von der Benutzeranzahl n besser darstellen zu können, ist in Abbildung 10.3 die EER für zahlreiche Poolgrößen angetragen. Hier fällt auf, dass die EER im Bereich 10 bis 200 Benutzer vergleichsweise stark ansteigt und für größere Werte von n verhältnismäßig schwächer anwächst. So steigt die EER von 4,8% bei $n = 500$ auf 6,1% bei $n = 1000$. An dieser Stelle wäre eine größere Datenbasis erforderlich, um abzuklären, wie sich der Anstieg der EER bei Poolgrößen jenseits von 1000 Benutzern entwickelt.

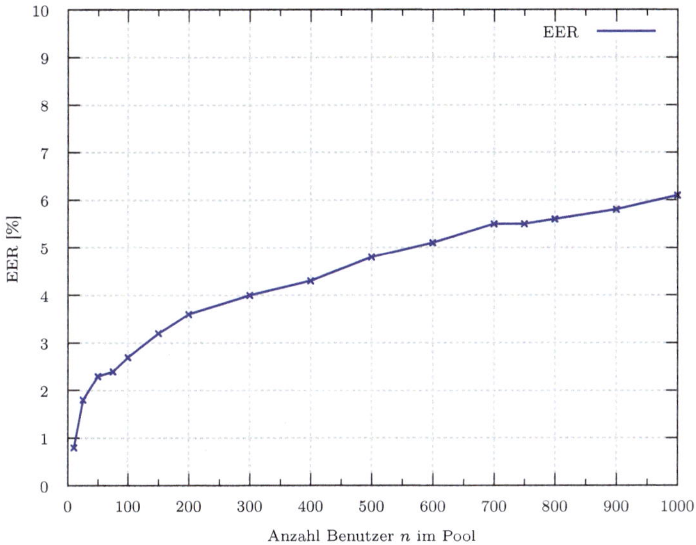

Abbildung 10.3: EER in Abhängigkeit von Poolgröße

10.3 Abhängigkeit von Anzahl der Templates pro Benutzer

Als weitere Einflussgröße wird die Abhängigkeit der Trennschärfe von der Anzahl t an Templates pro Benutzer untersucht. Auch für diese Simulationen werden wieder die Standardparameter aus Tabelle 10.1 verwendet, wobei der Parameter t variiert wird. Für die Werte $t = 2, 3, 4$ werden Simulationen vorgenommen, die entsprechenden DET Kurven sind in Abbildung 10.4 skizziert. Für $t = 2$ ergibt sich eine EER von ca. 4,0%, für $t - 3$ eine EER von 1,6% und für $t = 4$ erhält man 1,2% EER. Es ist naheliegend, dass das Vorliegen von mehr als einem Template eines Benutzers im Pool die Erkennungsleistung verbessert. Auf die FRR hat dies keinen Einfluss, da hier nur Abgleiche gegen die Templates der anderen Benutzer erfolgen, siehe Abschnitt 9.2. Die FAR hingegen wird durch die größere Anzahl an Templates deutlich verringert. Standardmäßig werden pro Benutzer $t = 2$ Templates verwendet, d. h. bei Bestimmung der FAR erfolgt ein Abgleich des zweiten Templates mit dem ersten des jeweiligen Benutzers. Bei $t = 3$ erfolgt sowohl ein Abgleich des dritten Templates mit dem ersten als auch ein Abgleich des dritten Templates mit dem zweiten des jeweiligen Benutzers. Die Wahrscheinlichkeit, dass beide Abgleiche gleichzeitig einen Wert unterhalb des Schwellwertes liefern, ist geringer als für $t = 2$. In Analogie hierzu liefert $t = 4$ noch bessere Ergebnisse, da hier bei der FAR alle drei Abgleiche gleichzeitig Werte unterhalb des Schwellwertes liefern müssen.

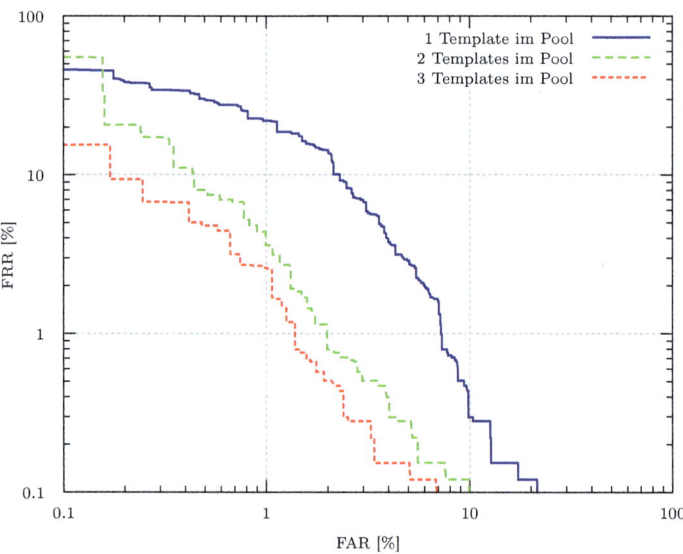

Abbildung 10.4: Erkennungsleistung in Abhängigkeit von Anzahl Templates pro Benutzer

10.4 Betrachtung der Signifikanz

In diesem Abschnitt soll nun eine Betrachtung der Signifikanz der erzielten Ergebnisse erfolgen. Hierzu werden die Standardparameter aus Tabelle 10.1 verwendet, wobei abweichend hiervon als Benutzerzahl $n = 100$ verwendet und über $m_{PL} = 12$ Pools gemittelt wird. Das Testdesign entspricht dem in Abschnitt 9.2 dargestellten, wobei über zwölf disjunkte Pools gemittelt wird. Aufgrund von $N = 1200$ unterschiedlichen Benutzern und einer gewünschten Poolgröße von $n = 100$ lassen sich zwölf disjunkte Pools zur Mittelung erzeugen.

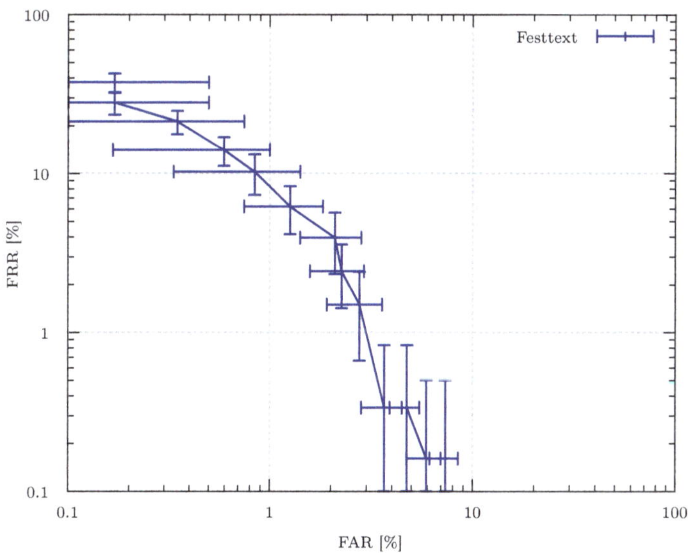

Abbildung 10.5: Erkennungsleistung von Festtextverfahren mit 95%-Konfidenzintervall

In Abbildung 10.5 ist die DET Kurve mit Konfidenzintervallen für ausgewählte Schwellwerte skizziert. Als Konfidenzniveau wird hierbei 95% bzw. $\alpha = 0,05$ gewählt. Es fällt auf, dass die Intervalle relativ große Bereiche umfassen. Es ist aufgrund der vorhandenen Datenbasis kaum möglich, für

Poolgrößen über $n = 100$ Benutzern Konfidenzintervalle zu bestimmen, da sonst nur noch wenige, disjunkte Pools erzeugt werden können. Daher wäre eine größere Datenbasis mit mehr als $N = 1200$ Benutzern erforderlich, um die Konfidenzintervalle auch für Poolgrößen oberhalb von $n = 100$ angeben zu können. Aus diesem Anlass und Gründen der Rechenzeit und Übersichtlichkeit wird in den meisten Abbildungen bzw. Analysen auf die Angabe der Konfidenzintervalle verzichtet.

11 Verwendung von Freitext

In diesem Kapitel soll die Verwendung von Freitext zur negativen Identifizierung untersucht werden. Als Verfahren wird das im Rahmen dieser Arbeit entwickelte Freitextverfahren eingesetzt, das in den Kapiteln 5 und 6 detailliert beschrieben ist. Für die Analysen wird der Datensatz Hybrid-Valid[1] eingesetzt, um die einzelnen Templates zu erstellen und zu vergleichen. Beim Training dieser Templates werden die nötigen Negativbeispiele aus dem Datensatz Freitext-Negative verwendet. Ähnlich wie bei dem Einsatz von festen Eingabetexten in Kapitel 10 soll auch bei der Verwendung von Freitext ein einheitlicher Satz an Standardparametern verwendet werden, um die Ergebnisse vergleichbar zu halten. Diese sind in Tabelle 11.1 zusammengetragen.

Anzahl Enrolmenttippproben g	3
Anzahl Benutzer bzw. Poolgröße n	300
Anzahl Templates pro Benutzer t	2
Anzahl gemittleter Pools m_{PL}	100
Anzahl aller Benutzer N	467
Datensatz Auswertung	Hybrid-Valid
Datensatz Negativtippproben	Freitext-Negative
Länge der Tippproben	80 - 120 Zeichen
Verfahren	nach Kapitel 5 und 6
Testdesign	Abschnitt 9.2

Tabelle 11.1: Standardparameter bei Identifizierung mit Freitext

---

[1]Es werden hierbei ausschließlich die Freitexttippproben verwendet. Die Verwendung des Datensatzes Freitext-Valid ließe keine direkte Vergleichbarkeit mit dem Festtextverfahren nach Bakdi zu.

Das Testdesign entspricht dem in Abschnitt 9.2 dargestellten Vorgehen, ebenso wie die in Tabelle 11.1 verwendete Notation für die Parameter. Analog wie bei der Untersuchung mit Festtext wird in den folgenden Analysen wieder die Abhängigkeit der Trennschärfe von der Textmenge g, der Anzahl an Benutzern n und von der Anzahl an Templates t pro Benutzer untersucht. Hierzu werden die einzelnen Parameter variiert. Anschließend wird wieder eine Betrachtung zur Signifikanz der erzielten Ergebnisse durchgeführt.

11.1 Abhängigkeit von Textmenge

In diesem Abschnitt soll die Erkennungsleistung in Abhängigkeit von der Textmenge untersucht werden. Die Standardparameter für die negative Identifizierung mit Freitext aus Tabelle 11.1 werden verwendet, wobei hier die Anzahl g an Enrolmenttippproben variiert wird.

In Abbildung 11.1 finden sich die DET Kurven für $g = 1, 2, 3, 4, 5, 6$ Enrolmenttippproben. Aufgrund der Tatsache, dass die Freitexttippproben eine mittlere Länge von 100 Zeichen[2] besitzen, lässt sich daraus leicht die mittlere Anzahl an Zeichen bestimmen, die für die Erstellung der Templates in den sechs Simulationen verwendet wurde. Es lässt sich festhalten, dass eine größere Anzahl an Enrolmenttippproben bzw. die Verwendung einer größeren Textmenge eine höhere Trennschärfe bei der negativen Identifizierung erlaubt und umgekehrt. So lässt sich mit 100 Zeichen eine EER von 24,6% realisieren, mit 200 Zeichen erreicht man bereits eine EER von 18,1%. Unter Verwendung von 600 Zeichen resultiert eine EER von 11,3%. Diese Abhängigkeit lässt sich auf eine exaktere Berechnung der Templates zurückführen, wenn mehr Tippproben für das Enrolment verwendet werden. Das entwickelte Freitextverfahren zeigt auch bei der Verifizierung diese Abhängigkeit, die in Abschnitt 7.2 detailliert beschrieben ist.

---

[2]Die verwendeten Freitexttippproben haben eine Länge von 80 bis 120 Zeichen.

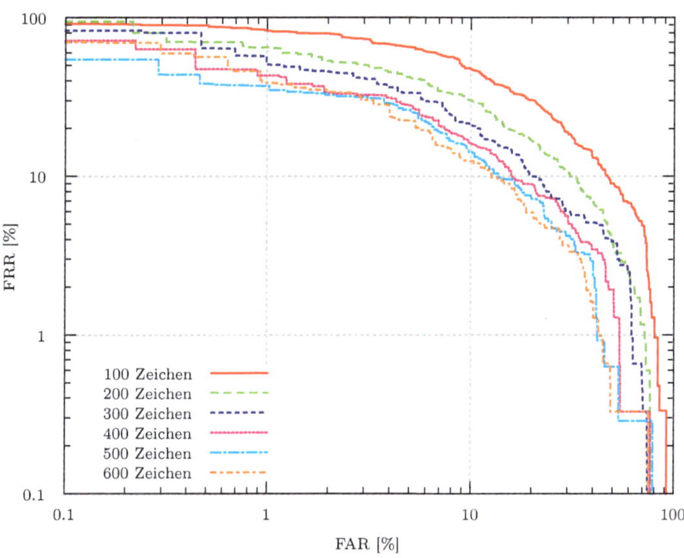

Abbildung 11.1: Erkennungsleistung in Abhängigkeit von Textmenge

11.2 Abhängigkeit von Poolgröße

Als zweite Einflussgröße auf die Trennschärfe soll nun die Poolgröße n genauer untersucht werden. Zu diesem Zweck werden wieder die Parameter aus Tabelle 11.1 verwendet, wobei der Wert für n variiert wird. Aufgrund der Tatsache, dass der verwendete Datensatz Hybrid-Valid insgesamt 467 Benutzer aufweist, werden Poolgrößen bis maximal 300 Benutzer analysiert.[3] In Abbildung 11.2 sind die DET Kurven für $n = 50, 100, 200, 300$ Benutzer angetragen.[4] Es lässt sich gut erkennen, dass eine größere Anzahl an Benutzern zu einer Abnahme der Trennschärfe führt. Dieser Zusammenhang lässt sich dadurch erklären, dass die FRR durch eine höhere Anzahl

---

[3]Eine Analyse von 467 Benutzern würde keine Möglichkeit lassen, über mehrere Pools zu mitteln.

[4]Die Unterschiede der DET Kurve für $n = 300$ und der DET Kurve mit $g = 3$ in Abbildung 11.1 sind durch die zufallsbasierte Erstellung der m_{PL} Pools zu erklären, über die final gemittelt wird.

an Benutzern steigt. Durch die größere Anzahl an Abgleichen mit Templates anderer Benutzer steigt die Wahrscheinlichkeit, dass ein Abgleich einen Wert oberhalb des Schwellwerts liefert. Derselbe Effekt führt dazu, dass die FAR gleichzeitig sinkt. Sollte der Abgleich des zweiten Templates eines Benutzers mit dem ersten Template desselben Benutzers einen Wert unterhalb des Schwellwertes liefern, so besteht noch die Möglichkeit, dass einer der $n - 1$ Abgleiche mit fremden Templates zufällig einen Wert größer als den Schwellwert liefert. Da die Zunahme der FRR stärker ausfällt als die Abnahme der FAR, ergibt sich insgesamt eine steigende EER mit wachsender Anzahl an Benutzern n.

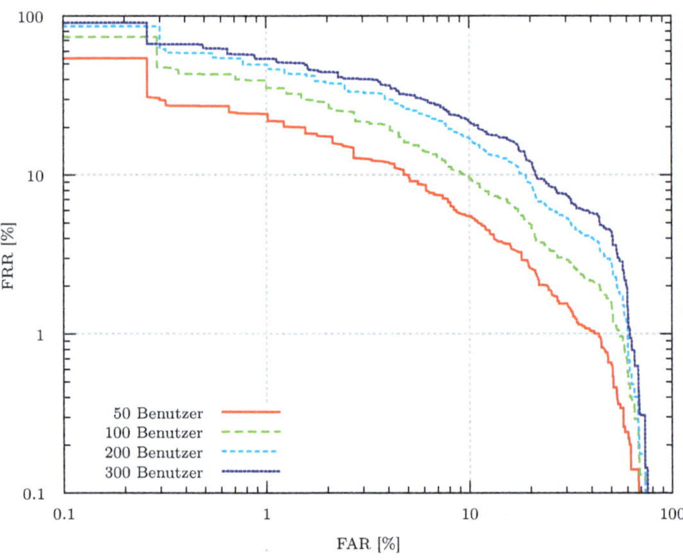

Abbildung 11.2: Erkennungsleistung in Abhängigkeit von Poolgröße

In Abbildung 11.3 ist die EER in Abhängigkeit von der Benutzeranzahl n angetragen. Es fällt auf, dass die EER zunächst stark ansteigt und bei größeren Werten für n vergleichsweise langsamer anwächst. So erreicht man beispielsweise mit $n = 100$ eine EER von 9,9%, mit $n = 300$ eine EER von

16,2%. Um diesen Verlauf für größere Werte von n zu analysieren, wäre eine Datenbasis mit deutlich mehr als nur 467 Benutzern erforderlich.

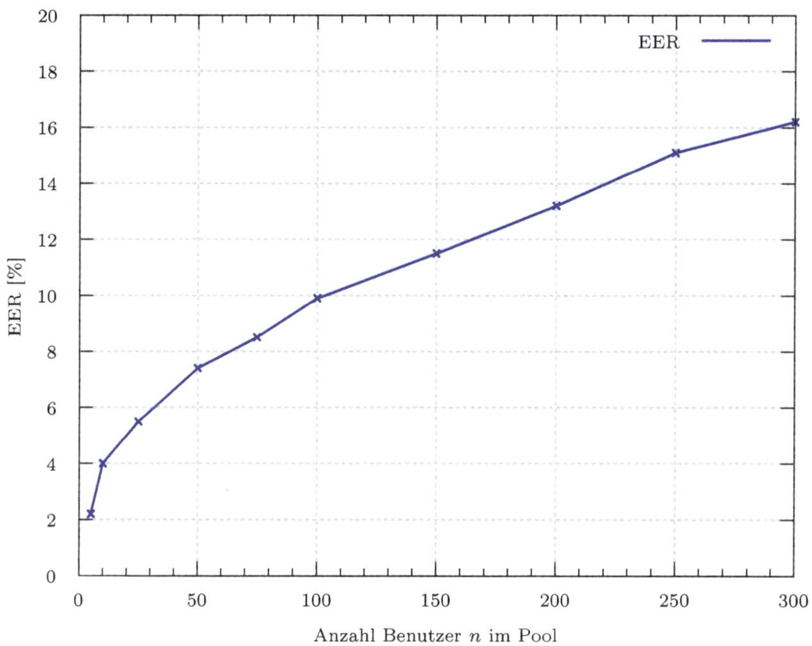

Abbildung 11.3: EER in Abhängigkeit von Poolgröße

11.3 Abhängigkeit von Anzahl der Templates pro Benutzer

Als dritte Einflussgröße auf die Erkennungsleistung wird nun die Anzahl an Templates t untersucht. Auch hierfür werden wieder die Parameter aus Tabelle 11.1 verwendet, wobei der Wert für t variiert wird. Es wurden insgesamt drei Simulationen für die Werte $t = 2, 3, 4$ durchgeführt. Die entsprechenden DET Kurven sind in Abbildung 11.4 eingezeichnet. Es lässt sich festhalten, dass die Trennschärfe steigt, wenn mehr Templates pro Benutzer im Pool sind. Bei der Bestimmung der FAR werden neben den Abgleichen mit den $n-1$ ersten Templates der anderen Benutzern auch Abgleiche des t-ten Templates eines Benutzers gegen die restlichen $t-1$ Templates desselben Benutzers berechnet. Daher sinkt die Wahrscheinlichkeit (und somit die FAR), dass keiner der $t-1$ Abgleiche einen Wert größer als den Schwellwert liefert mit steigender Anzahl t. Auf die FRR hat der Wert t keinen Einfluss, da hier nur $n-1$ Abgleiche des ersten Templates mit den jeweils ersten Templates aller anderen Benutzer berechnet werden. Wie in Abbildung 11.4 zu erkennen ist, ergibt sich für $t=2$ eine EER von ca. 16,2%, für $t=3$ ca. 13,0% EER und für $t=4$ erhält man eine EER von ca. 11,1%.

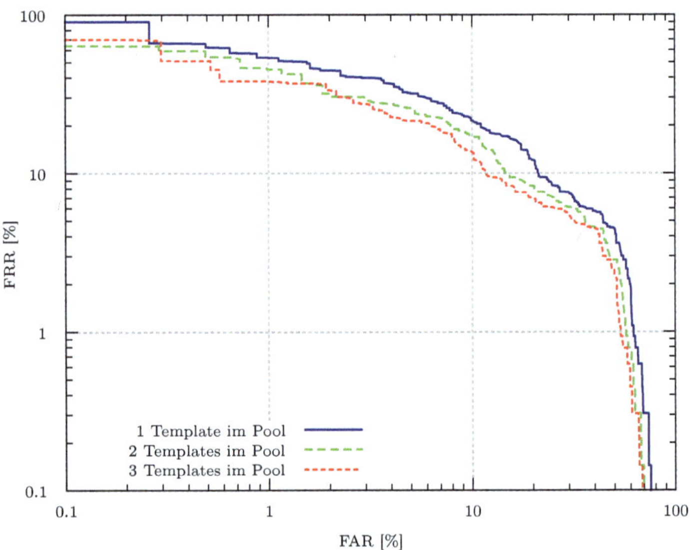

Abbildung 11.4: Erkennungsleistung in Abhängigkeit von Anzahl Templates pro Benutzer

11.4 Betrachtung der Signifikanz

In diesem Abschnitt wird exemplarisch für die Poolgröße $n = 50$ die Signifikanz der Erkennungsleistung betrachtet. Abgesehen von dem Wert n werden die Standardparameter aus Tabelle 11.1 verwendet. Da die verwendete Datenbasis Hybrid-Valid lediglich 467 Benutzer ($N = 467$) beinhaltet, wird eine Poolgröße von $n = 50$ untersucht. Für Poolgrößen oberhalb dieses Wertes lassen sich nur noch wenige disjunkte Pools bilden, weshalb eine Signifikanzbetrachtung für solche Werte nicht durchgeführt wird. Das verwendete Testdesign ist in Abschnitt 9.2 detailliert dargestellt. Für $n = 50$ lassen sich neun disjunkte Pools ($m_{PL} = 9$) bilden, mit denen die Berechnung der Konfidenzintervalle durchgeführt wird. Als Konfidenzniveau wird 95% verwendet, d. h. $\alpha = 0,05$.

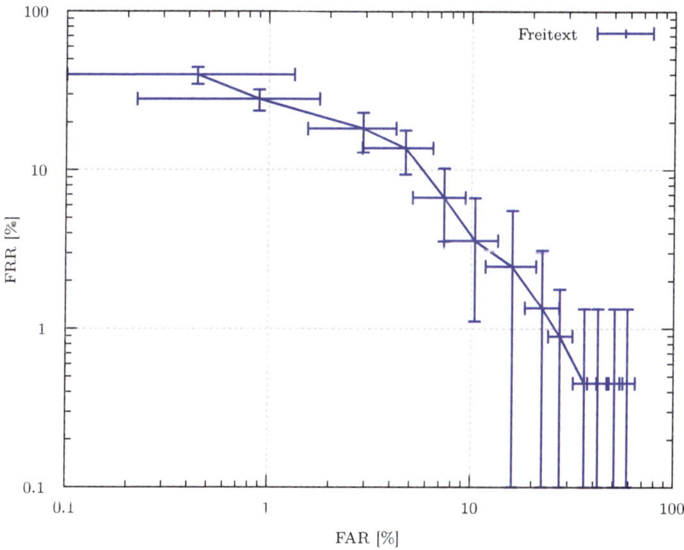

Abbildung 11.5: Erkennungsleistung von Freitextverfahren mit 95%-Konfidenzintervall

In Abbildung 11.5 ist die DET Kurve mit Konfidenzintervallen für ausge-
wählte Schwellwerte skizziert. Es fällt auf, dass die Intervalle relativ große
Bereiche überdecken. In diesem Zusammenhang wäre eine umfangreichere
Datenbasis erforderlich, die über deutlich mehr als 467 Benutzer verfügt.
So ließen sich auch Konfidenzintervalle für größere Pools bestimmen.

12 Verwendung von Fest- und Freitext

In diesem Kapitel wird die Erkennungsleistung von festen und variablen Eingabetexten bei der negativen Identifizierung miteinander verglichen. Zusätzlich soll aufgezeigt werden, wie sich die gleichzeitige Verwendung von festen und variablen Eingabetexten auf die Erkennungsleistung auswirkt. Abschließend wird eine Betrachtung zur Signifikanz der erzielten Ergebnisse vorgenommen. Hierfür soll kurz dargestellt werden, welche Parameter bzw. Rahmenbedingungen für die jeweiligen Simulationen herangezogen werden. In Tabelle 12.1 sind die im Rahmen dieses Kapitels verwendeten Parameter und Einstellungen zusammengetragen.

Anzahl Enrolmenttippproben für Festtext g_{Fest}	2
Anzahl Enrolmenttippproben für Freitext g_{Frei}	1
Anzahl Benutzer bzw. Poolgröße n	300
Anzahl Templates pro Benutzer t	2
Anzahl gemittleter Pools m_{PL}	100
Anzahl aller Benutzer N	467
Datensatz Auswertung	Hybrid-Valid
Datensatz Negativtippproben für Festtext	Festtext-Negative
Datensatz Negativtippproben für Freitext	Freitext-Negative
Länge der Festtexttippproben	53 Zeichen
Länge der Freitexttippproben	80 - 120 Zeichen
Festtextverfahren	Bakdi [3]
Freitextverfahren	nach Kapitel 5 und 6
Testdesign	Abschnitt 9.2

Tabelle 12.1: Standardparameter bei Identifizierung mit Fest- und Freitext

Für die negative Identifizierung mit festen Texten wird das Verfahren gemäß Bakdi verwendet, für variable Eingabetexte wird das neu entwickelte Freitextverfahren eingesetzt. Der Datensatz Hybrid-Valid dient als Grundlage für die folgenden Betrachtungen. Die Negativbeispiele für die Berechnung der Festtexttemplates werden aus dem Datensatz Festtext-Negative, die Negativ-Beispiele für die Freitexttemplates entsprechend aus dem Datensatz Freitext-Negative gezogen.

12.1 Kombination von Frei- und Festtextanalyse

Um für die negative Identifizierung gleichzeitig das Tipppverhalten bezüglich der Fest- und Freitexttippproben auswerten zu können, wird eine spezielle Vorgehensweise benötigt, die im Folgenden beschrieben wird. Auf Basis der g_{Fest} Festtexttippproben wird ein Festtexttemplate mit dem Verfahren nach Bakdi [3] erstellt. Mit den g_{Frei} Freitexttippproben wird ein Freitexttemplate mit dem entwickelten Verfahren berechnet. Abbildung 12.1 zeigt einen Pool mit n Benutzern, bei dem jeder gleichzeitig über t Fest- und Freitexttemplates verfügt. Diese Struktur ist identisch mit jener aus Abschnitt 9.2, nur dass anstelle eines Templates T_{ij} gleichzeitig ein Festtexttemplate T_{ij}^{Fest} und ein Freitexttemplate T_{ij}^{Frei} verwendet werden. Das Testdesign aus Abschnitt 9.2 wird dahingehend modifiziert, dass ein Abgleich $A(T_{ij}, T_{kl})$ durch eine Mittelwertbildung aus dem Abgleich der Festtexttemplates $A(T_{ij}^{Fest}, T_{kl}^{Fest})$ und dem Abgleich der Freitexttemplates $A(T_{ij}^{Frei}, T_{kl}^{Frei})$ erfolgt:

$$A(T_{ij}, T_{kl}) := \frac{1}{2}(A(T_{ij}^{Fest}, T_{kl}^{Fest}) + A(T_{ij}^{Frei}, T_{kl}^{Frei})) \tag{12.1}$$

Abgesehen von der angepassten Abgleichlogik bleibt das Testdesign unverändert. Es werden wie in den vorherigen Kapiteln DET Kurven bestimmt, um den Einfluss unterschiedlicher Rahmenbedingungen zu vergleichen.

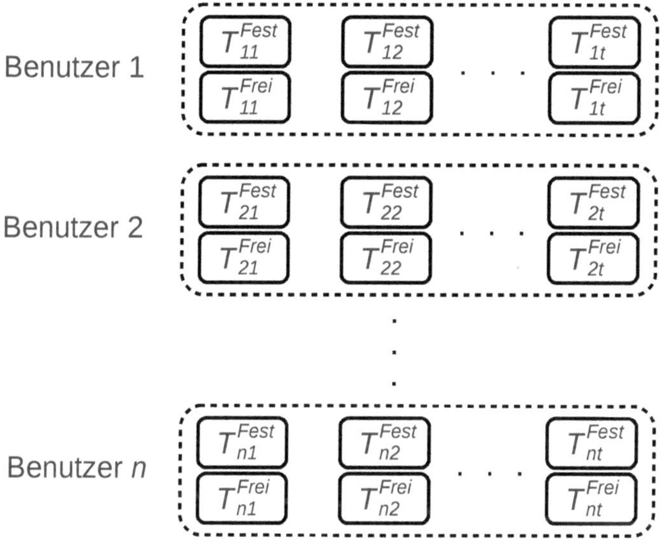

Abbildung 12.1: Visualisierung eines Pools aus n Benutzern mit jeweils t Fest- und Freitexttemplates

12.2 Vergleich und Kombination bei identischen Bedingungen

In diesem Abschnitt wird die Erkennungsleistung von Fest- und Freitext unter identischen Bedingungen verglichen. Ebenso soll aufgezeigt werden, welche Erkennungsleistung möglich ist, wenn Fest- und Freitext gleichzeitig herangezogen werden. Dies wird im Rahmen dieser Arbeit als Hybrid bezeichnet. Nachfolgend wird, genau wie bei den vorher durchgeführten Analysen für Fest- und Freitext, die Abhängigkeit der Erkennungsleistung von den drei Einflussgrößen Textmenge, Poolgröße und Anzahl der Templates pro Benutzer untersucht.

12.2.1 Abhängigkeit von Textmenge

Dieser Unterabschnitt betrachtet die erreichbare Trennschärfe in Abhängigkeit von der Textmenge. Die Einstellungen bzw. Parameter für die folgenden Analysen sind in Tabelle 12.1 aufgelistet. Abweichend hiervon wird die Textmenge variiert, d. h. die Parameter g_{Fest} und g_{Frei}. Um Fest- und Freitextverfahren objektiv vergleichen zu können, wird darauf geachtet, dass für beide Verfahren gleiche Textmengen verwendet werden. Hierfür werden insgesamt drei Szenarien betrachtet. Dem ersten Szenario liegt eine Textmenge von ca. 100 Zeichen zugrunde. Dies lässt sich durch die Verwendung von zwei Festtext- und einer Freitexttippprobe erreichen ($g_{Fest} = 2$ und $g_{Frei} = 1$), da die Festtexttippproben über 53 Zeichen und Freitexttippproben eine mittlere Länge von 100 Zeichen verfügen. Das zweite Szenario sieht ca. 200 Zeichen Text vor. Hierzu werden vier Festtext- und zwei Freitexttippproben verwendet ($g_{Fest} = 4$ und $g_{Frei} = 2$). Im dritten Szenario werden sechs Festtext- und drei Freitexttippproben verwendet ($g_{Fest} = 6$ und $g_{Frei} = 3$), wodurch sich eine Textmenge von ca. 300 Zeichen ergibt. In der Mehrfachabbildung 12.2 sind die DET Kurven angetragen. Dabei zeigt die Abbildung oben links die Simulation für 100 Zeichen, oben rechts den Fall für 200 Zeichen und unten links das Szenario für 300 Zeichen. Unten rechts befindet sich eine Tabelle, die die EER Werte angibt. Es zeigt sich, dass die negative Identifizierung mit Festtext wesentlich bessere Ergebnisse liefert als mit Freitext. So lässt sich mit 100 Zeichen Freitext nur eine EER von 24,6% erreichen, während das Festtextverfahren eine EER von 5,7% ermöglicht. Die Kombination von Fest- und Freitext (Hybrid) erlaubt eine EER von 3,1%. Bei 200 Zeichen lässt sich mit dem Festtextverfahren eine EER von 1,5% erreichen, mit dem Freitextverfahren resultiert eine EER von 18,1%. Die Kombination ermöglicht hierbei eine EER von 1,1%. Für 300 Zeichen erreicht das Festtextverfahren eine EER von 1,3%, das entwickelte Freitextverfahren erzielt eine EER von 15,1%. Die Kombination beider Verfahren ermöglicht für 300 Zeichen eine EER von 0,7%. Für die drei Szenarien kann man klar erkennen, dass das Festtextverfahren wesentlich bessere Ergebnisse liefert als das Freitextverfahren. Das hybride Verfahren liefert in allen Fällen die beste Erkennungsleistung, die auch deutlich besser ist als die des reinen Festtextverfahrens.

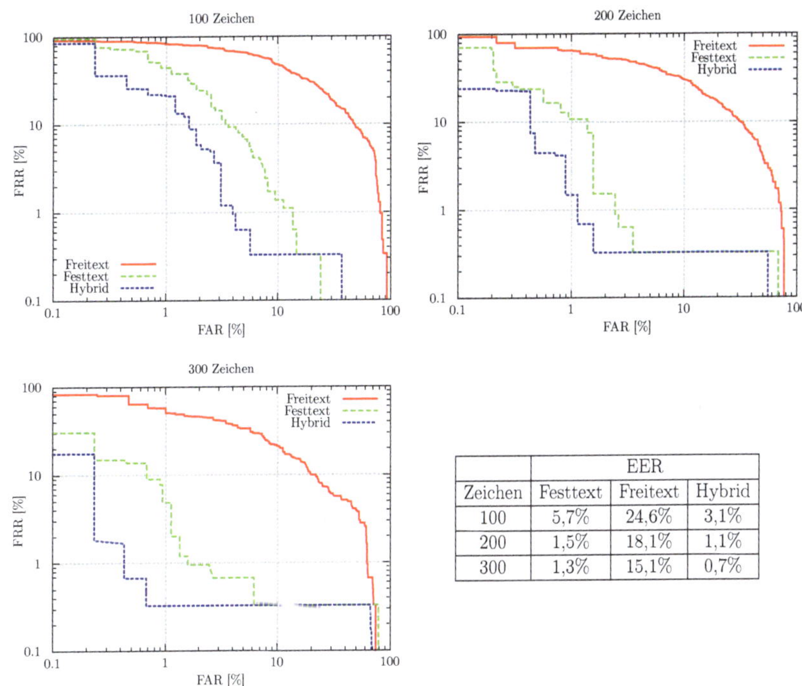

Zeichen	EER		
	Festtext	Freitext	Hybrid
100	5,7%	24,6%	3,1%
200	1,5%	18,1%	1,1%
300	1,3%	15,1%	0,7%

Abbildung 12.2: Erkennungsleistung in Abhängigkeit von Textmenge

12.2.2 Abhängigkeit von Poolgröße

Als weiterer Parameter wird die Poolgröße n variiert und deren Einfluss auf die Trennschärfe analysiert. Hierzu werden Pools der Größe 5, 10, 25, 50, 75, 100, 150, 200, 250 und 300 Benutzer betrachtet. Die restlichen Parameter entsprechen denen aus Tabelle 12.1. In Abbildung 12.3 sind die Werte für die EER angegeben. Aus Gründen der Übersichtlichkeit wurde auf die Darstellung der zehn mal drei DET Kurven verzichtet. Es zeigt sich, dass für alle drei Verfahren ein Anstieg der EER mit zunehmender Poolgröße festzustellen ist. Die Erkennungsleistung des Festtextverfahrens ist dabei für alle Poolgrößen deutlich besser als die des Freitextverfahrens. Das hybride Verfahren ist stets besser als das Festtextverfahren. Der prinzipielle Verlauf der EER ist bei allen drei Verfahren ähnlich. Zunächst erfolgt ein relativ starker Anstieg der EER bei geringen Poolgrößen ($n \leq 50$), der sich mit weiter steigendem n zunehmend abschwächt. Auch für die Betrachtung der Erkennungsleistung in Abhängigkeit von der Poolgröße n wäre eine größere Datenbasis erforderlich, um Aussagen für mehr als 300 Benutzer treffen zu können.

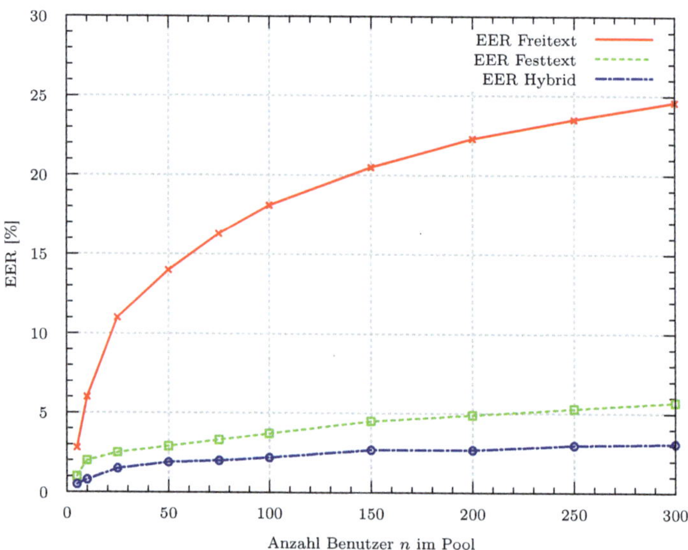

Abbildung 12.3: EER in Abhängigkeit von Poolgröße

12.2.3 Abhängigkeit von Anzahl der Templates pro Benutzer

Nachdem der Einfluss der Textmenge und der Poolgröße auf die Erkennungsleistung untersucht sind, wird in diesem Unterabschnitt die Abhängigkeit von der Anzahl der Templates t pro Benutzer analysiert. Hierzu dienen wieder die Parameter aus Tabelle 12.1 als Grundlage, wobei in drei Simulationen für den Parameter t die Werte 2, 3 und 4 verwendet werden. In der Mehrfachabbildung 12.4 sind die DET Kurven für die drei Fälle skizziert. Dabei zeigt die Teilabbildung oben links den Standardfall, d. h. $t = 2$.

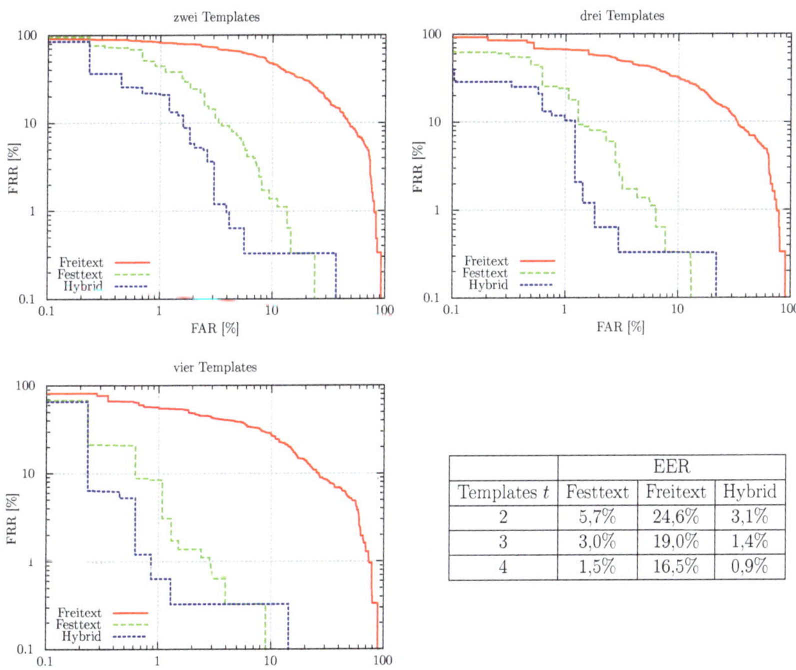

		EER	
Templates t	Festtext	Freitext	Hybrid
2	5,7%	24,6%	3,1%
3	3,0%	19,0%	1,4%
4	1,5%	16,5%	0,9%

Abbildung 12.4: Erkennungsleistung in Abhängigkeit von Anzahl Templates pro Benutzer

Oben rechts befindet sich die DET Kurve für $t = 3$ und unten links für $t = 4$. Die Werte für die EER der drei Simulationen sind in der Tabelle unten rechts zusammengefasst. Der Zusammenhang, dass eine größere Anzahl an Templates t pro Benutzer eine höhere Trennschärfe erlaubt, bestätigt sich auch in dieser Versuchsreihe. Dies gilt gleichermaßen für das Festtext-, Freitext- und das Hybridverfahren. Für das Festtextverfahren wird dies auch in Abschnitt 10.3 festgestellt, für das Freitextverfahren in Abschnitt 11.3. Für alle drei Simulationen zeigt sich wieder, dass das Festtextverfahren eine wesentlich bessere Erkennungsleistung ermöglicht als das Freitextverfahren. Beispielsweise lässt sich mit dem Festtextverfahren bei $t = 4$ eine EER von 1,5% realisieren, während das Freitextverfahren mit 16,5% eine mehr als zehnmal so große EER liefert. Das hybride Verfahren liefert in allen drei Fällen die höchste Trennschärfe. Hiermit lässt sich für $t = 4$ eine EER von ca. 0,9% erreichen.

12.3 Interpretation

Wie in dem vorherigen Abschnitt 12.2 festgestellt wird, liefert das entwickelte Freitextverfahren bei der negativen Identifizierung unter vergleichbaren Bedingungen eine wesentlich geringere Erkennungsleistung als das Festtextverfahren. Bei allen durchgeführten Simulationen bzw. Auswertungen zeigte das Festtextverfahren stets eine um einen Faktor vier bis zwölf geringere EER als das Freitextverfahren. Das hybride Verfahren, also die gleichzeitige Auswertung von Fest- und Freitext (siehe Abschnitt 12.1), liefert bei allen betrachteten Szenarien eine etwa halb so große EER wie das Festtextverfahren. Es stellt sich für die negative Identifizierung die Frage, ob das neu entwickelte Freitextverfahren prinzipiell eine schlechtere Trennschärfe erlaubt als das Festtextverfahren oder ob dies durch die schlechtere Vergleichbarkeit der Freitexttippproben zu erklären ist. Um diese Frage zu beantworten, wird eine passende Simulation durchgeführt. Es werden die Standardparameter aus Tabelle 12.1 verwendet, wobei abweichend $n = 50$

und $m_{PL} = 9$ eingesetzt werden. Auf diese Weise lassen sich zumindest neun disjunkte Pools ($m_{PL} = 9$) mit jeweils 50 Benutzern ($n = 50$) für das Bootstrapping gewinnen. Als Konfidenzniveau wird 95% verwendet, d. h. $\alpha = 0,05$.

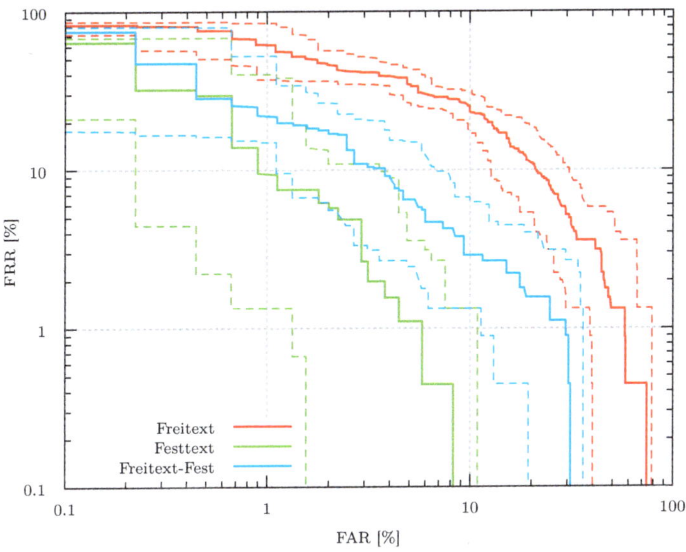

Abbildung 12.5: Erkennungsleistung von Fest- und Freitextverfahren mit 95%-Konfidenzintervall

Abbildung 12.5 zeigt drei DET Kurven. Wie in den vorangegangenen Abbildungen bzw. Abschnitten zeigt die Kurve „Freitext" die Erkennungsleistung des Freitextverfahrens angewendet auf die Freitexttippproben, die Kurve „Festtext" die Erkennungsleistung des Festtextverfahrens angewendet auf die Festtexttippproben. Die DET Kurve „Freitext-Fest" gibt die Erkennungsleistung des Freitextverfahrens angewendet auf die Festtexttippproben wieder. Wie in der Abbildung 12.5 zu erkennen ist, liefert „Freitext" eine EER von ca. 15,5%. Wird hingegen das Freitextverfahren auf Festtexttippproben angewendet („Freitext-Fest"), so wird eine EER von 5,8% erzielt. Das Festtextverfahren erreicht unter gleichen Bedingungen eine EER von 3,0%. Diese Werte zeigen auf, dass die negative Identifizierung mit dem entwickelten Freitextverfahren vor allem aufgrund der geringeren Vergleichbarkeit der Freitexttippproben eine schlechtere Erkennungsleistung bietet als mit dem Festtextverfahren. Das neu entwickelte Freitextverfahren ist bei Anwendung auf Festtexttippproben um etwa einen Faktor zwei schlechter als das Festtextverfahren nach Bakdi. Jedoch ist das Freitextverfahren für den Einsatz von Freitexttippproben entwickelt worden und daher wesentlich flexibler einsetzbar als ein Festtextverfahren.

Teil V

Zusammenfassung und Ausblick

13 Zusammenfassung der Ergebnisse

13.1 Entwicklung eines Freitextverfahrens

Das im Rahmen dieser Arbeit entwickelte Freitextverfahren wurde konstruiert, um auch bei Vorliegen von vergleichsweise wenig Text ein Höchstmaß an Trennschärfe zu erlauben. Die Einstellung bzw. Merkmalsauswahl wurde für die Verwendung von 15 Tippproben beim Enrolment und einer durchschnittlichen Länge der Tippproben von 100 Zeichen vorgenommen. Für die Einstellung des Verfahrens wurde ein eigener Datensatz („Freitext-Justier") verwendet, der in Tabelle 4.1 beschrieben ist. Die Auswertungen erfolgten mit anderen Datensätzen, um ein Überlernen auf die Einstellungsdaten auszuschließen.

Bei der Entwicklung des Verfahrens konnten zwei Arten von Merkmalen für Freitext identifiziert werden: Merkmale mit und ohne Kontextbindung. Die grundlegende Idee der kontextunabhängigen Merkmale wurde von [71] übernommen. Jedoch werden im Rahmen dieser Arbeit insgesamt sechs anstelle der ursprünglich zwei Merkmale verwendet. Zusätzlich werden sieben Merkmale mit Kontextbindung eingesetzt. In Abbildung 13.1 ist die EER bei Verwendung der sechs Merkmale ohne bzw. die EER der sieben Merkmale mit Kontextbindung gegen die Länge der Tippproben angetragen. Zusätzlich wird die EER bei gleichzeitiger Verwendung aller 13 Merkmale angegeben. Hierfür werden der Datensatz Freitext-Valid sowie die Parameter aus Tabelle 6.2 herangezogen. Abweichend von diesen Parametern werden für die zugrunde liegenden Simulationen jeweils vier Enrolmenttippproben verwendet. Man kann gut erkennen, dass die Merkmale ohne Kontextbindung bei kurzen Textlängen und die Merkmale mit Kontextbindung bei längeren Texten eine niedrigere EER ermöglichen. Die Kombination der beiden Merkmalsfamilien liefert jedoch immer die beste Erkennungsleistung. Als Ergebnis lässt sich somit festhalten, dass die gleichzeitige Betrachtung von Merkmalen ohne und mit Kontextbindung eine bestmögliche Erkennungsleistung erlauben.

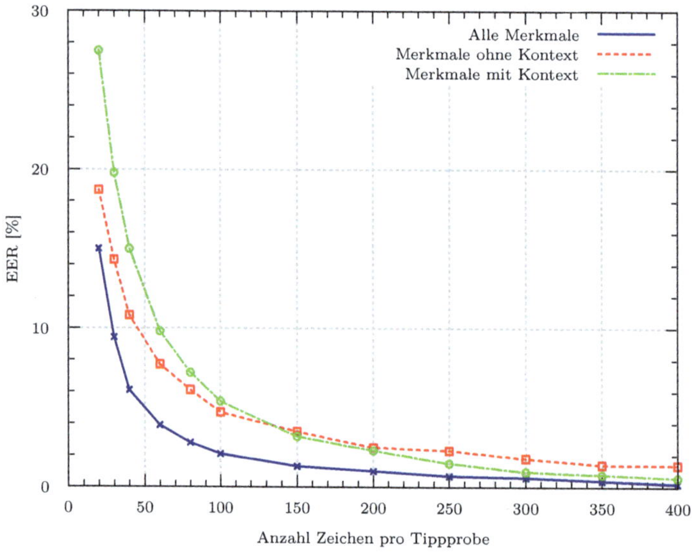

Abbildung 13.1: EER in Abhängigkeit von Textmenge

Im Rahmen der Auswertung des entwickelten Verfahrens hat sich gezeigt, dass eine größere Anzahl an Enrolmenttippproben eine starke Verbesserung der Trennschärfe bzw. starke Abnahme der EER bewirkt. Dies wurde in Abschnitt 7.2 detailliert beschrieben. So lässt sich mit nur einer Enrolmenttippprobe eine EER von 4,2% erzielen, mit 15 Tippproben erreicht man eine EER von etwa 0,6%. Dieser prinzipielle Zusammenhang zwischen

Anzahl an Enrolmenttippproben und erreichbarer Trennschärfe wird auch in anderen Arbeiten auf dem Gebiet der Tippverhaltenserkennung beschrieben und ist gleichermaßen bei Festtext- und Freitextverfahren anzutreffen [3, S. 232 f], [32] und [53].

Ebenso konnte gezeigt werden, dass die Länge der verwendeten Tippproben einen sehr starken Einfluss auf die Erkennungsleistung hat. In Abschnitt 7.3 findet sich die detaillierte Auswertung hierzu. In der entsprechenden Simulationsreihe führte die Verwendung von Tippproben der Länge 20 Zeichen zu einer EER von 15%. Mit 100 Zeichen ließ sich bereits eine EER von 2,1% erreichen. Bei 400 Zeichen konnte eine EER von ca. 0,3% erzielt werden. Bei diesen Simulationen wurden jeweils vier Enrolmenttippproben verwendet. Auch dieser Zusammenhang zwischen der Länge der Tippproben und der Erkennungsleistung findet sich in der Literatur gleichermaßen für Festtext- und Freitextverfahren [3, S. 229 ff], [5, S. 147 ff], [32] und [77].

Im direkten Vergleich mit dem Festtextverfahren nach Bakdi [3] liefert das Freitextverfahren eine wesentlich schlechtere Erkennungsleistung. Man kann jedoch zeigen, dass dies an der geringeren Vergleichbarkeit der Freitexttippproben und nicht am Verfahren selbst liegt. Werden Festtexttippproben mit dem Freitextverfahren ausgewertet, so ist die Erkennungsleistung ähnlich hoch wie jene bei Bakdi (siehe Abschnitt 8.2). Dies impliziert jedoch, dass das entwickelte Freitextverfahren auch sehr gut als Festtextverfahren eingesetzt werden kann.

Es wurde unter den betrachteten Freitextverfahren aus der Literatur keines gefunden, das eine bessere Erkennungsleistung bei der Verifizierung mit Freitext ermöglicht als das im Rahmen dieser Arbeit entwickelte. Die entsprechenden Auswertungen befinden sich in Abschnitt 8.3.

13.2 Erkennung von Mehrfachanmeldungen

Für die negative Identifizierung wurde die Verwendung von festen und freien Texten eingehend untersucht. Für die Analysen mit Festtext wurde das Verfahren nach Bakdi [3], für die mit Freitext das neu entwickelte Verfahren eingesetzt.

Für beide wurde gezeigt, wie sich die Anzahl der Enrolmenttippproben auf die Erkennungsleistung auswirkt. Die Auswertungen für das Festtext- bzw. Freitextverfahren finden sich in den Abschnitten 10.1 bzw. 11.1. Hierbei wurde festgestellt, dass die Verwendung von mehr Tippproben beim Enrolment zu einer besseren Erkennungsleistung bei der negativen Identifizierung führt. Für das Festtextverfahren nach Bakdi konnte mit nur einer Tippprobe eine EER von 22% erreicht werden. Bei zwei Tippproben resultierte mit diesem Verfahren eine EER von 7,3%, bei sechs Tippproben sank die EER auf 1,4%. Das entwickelte Freitextverfahren zeigte bei Verwendung von einer Tippprobe eine EER von 24,6%. Mit zwei Tippproben folgte eine EER von 18,1%, unter Verwendung von sechs Tippproben resultierte eine EER von 11,3%. Der Zusammenhang, dass eine Erhöhung der Textmenge beim Enrolment eine größere Trennschärfe ermöglicht, findet sich für beide Verfahren auch bei der Verifizierung. Dies lässt sich für das Festtextverfahren nach Bakdi aus der entsprechenden Publikation entnehmen [3, S. 229 ff]. Für das entwickelte Freitextverfahren folgt dieser Zusammenhang aus den Abschnitten 7.2 und 7.3.

Ebenso wurde für beide Verfahren analysiert, wie die Poolgröße die Erkennungsleistung beeinflusst. Die entsprechenden Auswertungen finden sich für das Festtextverfahren in Abschnitt 10.2, für das Freitextverfahren in Abschnitt 11.2. Dabei zeigte sich für beide Verfahren gleichermaßen, dass ein größerer Pool an Benutzern zu einer geringeren Erkennungsleistung führt und umgekehrt. Das Festtextverfahren erreichte bei 50 Benutzern eine EER von 2,3%, bei 500 Benutzern eine EER von 4,8% und bei 1000 Benutzern 6,1% EER. Für das Freitextverfahren ergab sich für 25 Benutzer eine EER von 5,5%, für 100 Benutzer resultierten 9,9% EER und für 300 Benutzer lag die EER bei 16,2%. Die Feststellung, dass die Poolgröße die Erkennungsleistung bei der Identifizierung beeinflusst, findet sich auch in [12].

Die Erkennungsleistung steigt für beide Verfahren an, wenn sich von den entsprechenden Benutzern mehr als nur ein Template im Pool befindet. Die entsprechenden Auswertungen finden sich in den Abschnitten 10.3 und 11.3. So erhält man für das Festtextverfahren eine EER von 4,0%, wenn ein Template pro Benutzer im Pool befindlich ist. Für zwei Templates im Pool resultieren 1,6% EER, bei drei Templates ergibt sich eine EER von 1,2%. Das entwickelte Freitextverfahren erreicht bei einem Template pro Benutzer eine EER von 16,2%. Bei zwei Templates resultiert eine EER von 13,0% und bei drei Templates reduziert sich die EER auf 11,1%.

In Kapitel 12 wurde eingehend untersucht, wie sich die Erkennungsleistungen der beiden Verfahren unter vergleichbaren Bedingungen verhalten. Als Fazit wurde hierbei festgestellt, dass die negative Identifizierung mit Freitext stets eine deutlich geringere Erkennungsleistung liefert als bei Verwendung fester Eingabetexte. In den unterschiedlichen Simulationen erzielte das entwickelte Freitextverfahren stets eine Erkennungsleistung, die um einen Faktor vier bis zwölf schlechter war als die des Festtextverfahrens. Gleichzeitig konnte auch gezeigt werden, dass dies hauptsächlich an der geringeren Vergleichbarkeit der Freitexttippproben liegt. Wurde das entwickelte Freitextverfahren auf Festtexttippproben angewendet, so reduzierte sich der Unterschied in der Trennschärfe zum Festtextverfahren auf einen Faktor zwei.

Eine gleichzeitige Auswertung von Festtext- und Freitexttippproben erlaubt eine Erkennungsleistung, die wesentlich besser ist als die alleinige Verwendung von Festtexttippproben. So wurde in Kapitel 12 gezeigt, dass trotz der wesentlich höheren Erkennungsleistung des Festtextverfahrens die Trennschärfe nochmals deutlich gesteigert werden konnte, wenn Fest- und Freitextverfahren kombiniert eingesetzt werden. Die Trennschärfe dieses hybriden Verfahrens war hierbei um einen Faktor 1,4 bis zwei besser als die Trennschärfe bei alleiniger Verwendung des Festtextverfahrens.

14 Ausblick auf mögliche Verbesserungen

14.1 Entwicklung eines Freitextverfahrens

In diesem Abschnitt soll ein Ausblick auf Möglichkeiten gegeben werden, mit denen das Freitextverfahren weiterentwickelt werden könnte bzw. die im Rahmen der Auswertung bei der Verifizierung von Interesse wären:

- **Zusätzliche Freitextdatensätze:**
  Im Rahmen dieser Arbeit wurde der Datensatz Freitext-Valid für die Auswertungen bei der Verifizierung herangezogen (siehe Tabelle 4.1). Die jeweils 20 Tippproben wurden von den Probanden innerhalb einer Sitzung abgegeben. Es wäre interessant zu beobachten, ob bzw. wie stark sich die Erkennungsleistung bei Datensätzen verändern würde, die über einen längeren Zeitraum gesammelt wurden. Da von jedem Benutzer lediglich 20 Tippproben der mittleren Länge 100 Zeichen zur Verfügung stehen, konnte die Erkennungsleistung für große Textmengen nur begrenzt bestimmt werden. Ein passender Datensatz mit mehr Tippproben pro Benutzer wäre daher sehr wünschenswert.

- **Verbesserte Merkmalsauswahl:**
  Die insgesamt 13 Merkmale, die im Rahmen des entwickelten Verfahrens zum Einsatz kommen, sind das Ergebnis einer einfachen Heuristik: Es wurde zunächst mit einem Merkmal begonnen und die Trennschärfe bestimmt. Jedes weitere Merkmal wurde immer dann hinzuge-

nommen, wenn sich dadurch die gesamte Klassifikationsleistung verbesserte. Es ist somit wahrscheinlich, dass es eine Kombination an (teilweise unberücksichtigten) Merkmalen gibt, die bessere Ergebnisse liefert als die im Rahmen dieser Arbeit verwendete. Aufgrund der kombinatorischen Vielfalt ist es jedoch nahezu unmöglich, alle Kombinationen zu testen. Es wurden neben den 13 ausgewählten Merkmalen noch zahlreiche weitere untersucht, die keine Verbesserung mehr hervorrufen konnten. Selbst wenn man nur von 20 möglichen Merkmalen ausgehen würde, so müsste man mehr als eine Million Möglichkeiten testen ($2^{20} > 1.000.000$). Es gibt in der Literatur mehrere elaborierte Alternativen zu der im Rahmen dieser Arbeit verwendeten Heuristik [33], [45]. Die Durchführung einer anderen Merkmalsselektion könnte die Erkennungsleistung des Verfahrens weiter erhöhen.

- **Alternative Klassifikatoren**:
  Im Rahmen dieser Arbeit wurde für die Klassifikatoren K_i bzw. K_g stets eine SVM verwendet. Es ist jedoch keinesfalls ausgeschlossen, dass die Verwendung anderer Klassifikatoren eine höhere Trennschärfe erlaubt als die SVM. Eine Untersuchung alternativer Algorithmen erscheint daher durchaus geeignet, um die Erkennungsleistung des Verfahrens weiter zu steigern. Eine detaillierte Darstellung verschiedener Algorithmen findet sich beispielsweise in [69, S. 649 ff].

- **Auswahl der negativen Trainingsbeispiele**:
  Wie in Abschnitt 6.3 beschrieben, basierte das Training der Klassifikatoren K_i stets auf 100 Negativtippproben und jenes für K_g auf 150. Die Negativtippproben wurden dabei zufällig aus einer größeren Menge an Tippproben gezogen. Die Anzahl an Negativtippproben ist dabei durch einfaches Ausprobieren festgelegt worden: Die angegebenen Werte lieferten unter allen getesteten Wertepaaren die beste Trennschärfe. Aufgrund des hohen Rechenzeitbedarfs konnte nur eine begrenzte Menge an Wertepaaren untersucht werden. Es ist daher durchaus möglich, dass eine alternative Auswahl der Negativtippppro-

ben zu einer Verbesserung der Trennschärfe des Verfahrens führen kann. Zudem wurde für alle 13 Merkmale die gleiche Menge an Negativtippproben verwendet, um die Anzahl der festzulegenden Parameter zu begrenzen. Eine detaillierte Betrachtung zur Auswahl der Negativbeispiele erscheint daher sinnvoll.

14.2 Erkennung von Mehrfachanmeldungen

An dieser Stelle soll ein Ausblick gegeben werden, wie die Auswertungen bzw. das Testdesign zur Erkennung von Mehrfachanmeldungen verbessert werden könnten. Ebenso soll aufgezeigt werden, welche weiteren Herausforderungen sich für einen Praxiseinsatz ergeben können.

- **Umfangreichere Datensätze:**
  Die eingesetzten Datensätze bei der negativen Identifizierung wurden allesamt so gesammelt, dass jeder der Probanden seine Tippproben innerhalb einer Session abgegeben hat. Es wäre auch für die negative Identifizierung interessant zu untersuchen, wie sich die Erkennungsleistung bei Verwendung von Datensätzen verhält, die über einen längeren Zeitraum gesammelt werden. Für die Untersuchungen mit Festtext standen 1200 Benutzer zur Verfügung, für die mit Freitext bzw. Hybrid 467 Benutzer. Es wäre insbesondere für die Analyse umfangreicherer Pools und für die Signifikanzbetrachtungen erforderlich, Datensätze mit mehr Benutzern zur Verfügung zu haben.

- **Alternative Datensätze:**
  Als Vorlage für die gesammelten Freitexttippproben dienten, wie in Abschnitt 4.4 beschrieben, ausgewählte Sätze der Länge 80 bis 120 Zeichen aus den Werken von Selma Lagerlöf. Es wäre interessant zu untersuchen, ob bzw. wie stark sich die Erkennungsleistung bei Freitexttippproben zu anderen Vorlagen verändert. Ebenso wären Freitextdatensätze, bei denen keine Vorlagen abgetippt werden mussten,

sicher aufschlussreich. Aus den beschriebenen Gründen in Abschnitt 4.4 erscheint es jedoch sehr schwierig, eine derartige Datensammlung mit ausreichend vielen und vor allem motivierten Teilnehmern durchzuführen.

- **Gewichtung der einzelnen Abgleiche:**

  Im Rahmen dieser Arbeit werden die $2 \cdot g$ einzelnen Werte bei einem Template-Template Abgleich, wie in Abschnitt 9.2 beschrieben, durch einen einfachen Mittelwert auf einen Wert verdichtet. Es wäre jedoch auch denkbar, dass komplexere Algorithmen eine bessere Erkennungsleistung erlauben. Eine Untersuchung von alternativen Algorithmen wie z. B. SVM oder Künstliche Neuronale Netze (KNN) für die Zusammenfassung der $2 \cdot g$ Werte wäre somit durchaus sinnvoll.

- **Sicherstellung der Kooperation durch Benutzer:**

  Bei allen Auswertungen zur negativen Identifizierung wurde indirekt davon ausgegangen, dass die Benutzer ihr natürliches[1] Tippverhalten präsentieren. Bei der Sammlung der Datensätze wurde den Probanden nicht mitgeteilt, dass die gesammelten Daten auch zur Auswertung der negativen Identifizierung eingesetzt werden. Somit ist davon auszugehen, dass die Probanden ihr natürliches Tippverhalten präsentiert haben. Bei der negativen Identifizierung ist prinzipiell davon auszugehen, dass die Benutzer sich nicht kooperativ verhalten [31]. Selbst bei „ehrlichen" Benutzern kann man nicht von einer Kooperation ausgehen [12]. Bei einer praktischen Anwendung der negativen Identifizierung auf das Tippverhalten müsste sichergestellt werden, dass die Benutzer sich kooperativ verhalten, d. h. ihr Tippverhalten nicht bewusst abändern. Die ideale Lösung wäre, die Aufzeichnung des Tippverhaltens unter Beobachtung vorzunehmen, was jedoch keinesfalls praktikabel wäre. Alternativ ist die Verwendung eines spezi-

---

[1] Natürlich bedeutet in diesem Kontext, dass die einzelnen Benutzer ihr Tippverhalten nicht bewusst beeinflusst haben. Andernfalls wird das Tippverhalten als verstellt bezeichnet.

ellen Algorithmus möglich, der natürliches von verstelltem Tipppverhalten zu unterscheiden vermag. Die Idee zum Einsatz eines solchen
Algorithmus stammt aus [84]. Für den Praxiseinsatz ist dieser Algorithmus eine sinnvolle Ergänzung zur eigentlichen negativen Identifizierung. Aufgrund fehlender Trainings- bzw. Validierungsdaten mit
natürlichem und verstelltem Tippverhalten wurde dieser Algorithmus
im Rahmen der vorliegenden Arbeit nicht näher beschrieben und nicht
verwendet.

15 Bewertung der Zielerreichung

Das im Rahmen dieser Arbeit entwickelte Freitextverfahren kann, wie in der Zielsetzung geplant, mit vergleichsweise wenig Eingabetext eine Erkennungsleistung bei der Verifizierung erreichen, die deutlich besser ist als die anderer Freitextverfahren. Die Abhängigkeiten der erreichbaren Trennschärfe von unterschiedlichen Einflussgrößen wurde detailliert untersucht. Dabei hat sich herausgestellt, dass die Trennschärfe des neuen Verfahrens von denselben Einflussgrößen bestimmt ist wie die der anderen Verfahren (Umfang des Enrolments, Länge der Tippproben). Die erzielten Ergebnisse lassen darauf schließen, dass sich das neu entwickelte Freitextverfahren in der Praxis für Anwendungsfälle eignet, die den bisherigen Verfahren aufgrund der geringen Erkennungsleistung bzw. umfangreichen benötigten Textmengen bisher verschlossen blieben.

Die negative Identifizierung wurde sowohl für Fest- als auch für Freitext eingehend analysiert. Insbesondere wurde für beide Verfahren die resultierende Trennschärfe bei unterschiedlichen Einflussgrößen untersucht. Zusätzlich wurde analysiert, welche Erkennungsleistung bei gleichzeitiger Verwendung von festen und variablen Textbestandteilen möglich ist. Die im Rahmen dieser Arbeit beschriebene negative Identifizierung anhand des Tippverhaltens hat sich bereits in der Praxis zur Erkennung von Mehrfachanmeldungen gut bewährt. Eine entsprechende Patentanmeldung [7] ist eingereicht worden.

Literaturverzeichnis

[1] Andrea F. Abate, Michele Nappi, Daniel Riccio und Gabriele Sabatino. „2D and 3D face recognition: A survey". In: *Pattern Recognition Letters* 28 (2007), S. 1885–1906.

[2] Lívia C. F. Araújo, Luiz H. R. Sucupira Jr., Miguel G. Lizárraga, Lee L. Ling und João B. T. Yabu-uti. „User Authentication through Typing Biometrics Features". In: *ICBA*. Hrsg. von David Zhang und Anil K. Jain. Bd. 3072. Lecture Notes in Computer Science. Springer, 2004, S. 694–700.

[3] Idir Bakdi. *Benutzerauthentifizierung anhand des Tippverhaltens bei Verwendung fester Eingabetexte.* Hrsg. von Dieter Bartmann. Bd. 21. Bankinnovationen. Universitätsverlag Regensburg, 2007.

[4] Nick Bartlow und Bojan Cukic. „Evaluating the Reliability of Credential Hardening through Keystroke Dynamics". In: *Proceedings of the 17th International Symposium on Software Reliability Engineering.* ISSRE '06. IEEE Computer Society, 2006, S. 117–126.

[5] Dieter Bartmann. *Benutzerauthentisierung durch Analyse des Tippverhaltens mit Hilfe einer Kombination aus statistischen und neuronalen Verfahren.* Herbert Utz Verlag, 2000.

[6] Dieter Bartmann, Idir Bakdı und Michael Achatz. „On the Design of an Authentication System Based on Keystroke Dynamics Using a Predefined Input Text". In: *International Journal of Information Security and Privacy* 1.2 (2007), S. 1–12.

[7] Andreas Beer, Sebastian Erdenreich, Johann Schenkl und Prof. Dr. Dieter Bartmann. „Verfahren zur Erkennung von Mehrfachanmeldungen bei einem informationstechnischen Dienst". Patentanmeldung DE 10 2009 044 021.6 (Deutschland). 24. März 2011. URL: `http://register.dpma.de/DPMAregister/pat/register?AKZ=1020090440216`.

[8] F. Bergadano, D. Gunetti und C. Picardi. „Identity verification through dynamic keystroke analysis". In: *Intelligent Data Analysis* 7.5 (Okt. 2003), S. 469–496.

[9] Francesco Bergadano, Daniele Gunetti und Claudia Picardi. „User authentication through keystroke dynamics". In: *ACM Transactions on Information and System Security (TISSEC)* 5.4 (Nov. 2002), S. 367–397.

[10] Ruud M. Bolle, Nalini K. Ratha und Sharath Pankanti. „Performance Evaluation in 1 : 1 Biometric Engines". In: *Advances in Biometric Person Authentication*. Bd. 3338. Lecture Notes in Computer Science. Springer, 2005, S. 257–286.

[11] Kevin W. Bowyer, Karen Hollingsworth und Patrick J. Flynn. „Image Understanding for Iris Biometrics: A Survey". In: *Computer Vision and Image Understanding* 110.2 (Mai 2008), S. 281–307.

[12] Manfred Bromba. *Biometrie-FAQ*. Dez. 2011. URL: `http://www.bromba.com/faq/biofaqd.htm` (besucht am 01.03.2012).

[13] Arslan Brömme. „A Classification of Biometric Applications wanted by Politics: Passports, Person Tracking, and Fight Against Terror". In: *IFIP World Computer Congress (WCC)*. 2002.

[14] William L. Bryan und Noble Harter. „Studies in the physiology and psychology of the telegraphic language." In: *Psychological Review* 4.1 (1897), S. 27–53.

[15] Christopher J. C. Burges. „A Tutorial on Support Vector Machines for Pattern Recognition". In: *Data Mining and Knowledge Discovery* 2 (1998), S. 121–167.

[16] Rich Caruana und Alexandru Niculescu-Mizil. „An Empirical Comparison of Supervised Learning Algorithms". In: *Proceedings of the 23rd international conference on Machine learning*. ICML '06. ACM. 2006, S. 161–168.

[17] Sungzoon Cho, Chigeun Han, Dae Hee Han und Hyung-Il Kim. „Web based Keystroke Dynamics Identity Verification using Neural Network". In: *Journal of Organizational Computing and Electronic Commerce* 10.4 (2000), S. 295–307.

[18] Corinna Cortes und Vladimir Vapnik. „Support-Vector Networks". In: *Machine learning* 20.3 (1995), S. 273–297.

[19] Nello Cristianini und John Shawe-Taylor. *An introduction to Support Vector Machines and other kernel-based learning methods*. 10. Aufl. Cambridge University Press, 2006.

[20] Srinivasa Kumar Devireddy, K. Siva Nagireddy, G. Ramaswamy, D. Ravikiran, P. Sireesha und Y. Suresh Babu. „A Study of Unimodel Multimodel and Soft Biometric Recognition". In: *International Journal of Computer Science and Network Security* 8.8 (Aug. 2008), S. 36–46.

[21] Philip M. Dixon. „Bootstrap resampling". In: *Encyclopedia of Environmetrics*. Hrsg. von Abdel H. El-Shaarawi und Walter W. Piegorsch. Bd. 1. John Wiley & Sons, 2002, S. 212–220.

[22] P. S. Dowland, S. M. Furnell und M. Papadaki. „Keystroke Analysis as a Method of Advanced User Authentication and Response". In: *Security in the Information Society: Visions and Perspectives*. Hrsg. von M. Adeeb Ghonaimy, Mahmoud T. El-Hadidi und Heba K. Aslan. Kluwer Academic Publishers, 2002, S. 215–226.

[23] Richard O. Duda, Peter E. Hart und David G. Stork. *Pattern classi-fication*. 2. Aufl. John Wiley & Sons, 2001.

[24] Charles Dugas und David Gadoury. „Pointwise exact bootstrap distri-butions of ROC curves". In: *Machine learning* 78.1 (2010), S. 103–136.

[25] Alireza Farhangfar, Lukasz Kurgan und Witold Pedrycz. „Experi-mental analysis of methods for imputation of missing values in data-bases". In: *SPIE - The International Society for Optical Engineering*. Bd. 5421. 2004, S. 172–182.

[26] Tom Fawcett. „An introduction to ROC analysis". In: *Pattern Reco-gnition Letters* 27 (2006), S. 861–874.

[27] Project Gutenberg Literary Archive Foundation. *Project Guten-berg*. März 2011. URL: http://www.gutenberg.org (besucht am 25.03.2011).

[28] Marco Gamassi, Massimo Lazzaroni, Mauro Misino, Vincento Piuri, Daniele Sana und Fabio Scotti. „Accuracy and Performance of Bio-metric Systems". In: *Instrumentation and Measurement Technology Conference, 2004. IMTC 04. Proceedings of the 21st IEEE*. Bd. 1. 2004, S. 510–515.

[29] John D. Garcia. „Personal identification apparatus". Patent US 4,621,334 (USA). 4. Nov. 1986. URL: http://patft.uspto.gov/ netacgi/nph-Parser?Sect1=PTO1&Sect2=HITOFF&d=PALL&p=1& u=%2Fnetahtml%2FPTO%2Fsrchnum.htm&r=1&f=G&l=50&s1=4, 621,334.PN.&OS=PN/4,621,334&RS=PN/4,621,334 (besucht am 02.03.2012).

[30] Romain Giot, Mohamad El-Abed und Christophe Rosenberger. „Keystroke Dynamics Authentication For Collaborative Systems". In: *Proceedings of the 2009 International Symposium on Collaborative Technologies and Systems*. IEEE Computer Society, 2009, S. 172–179.

[31] UK Biometrics Working Group. *Biometrics for Identification and Authentication - Advice on Product Selection - Issue 2.0*. 22. März 2002. URL: `http://www.cesg.gov.uk/publications/Documents/biometricsadvice.pdf` (besucht am 06.03.2012).

[32] Daniele Gunetti und Claudia Picardi. „Keystroke Analysis of Free Text". In: *ACM Transactions on Information and System Security (TISSEC)* 8.3 (Aug. 2005), S. 312–347.

[33] Isabelle Guyon und André Elisseeff. „An Introduction to Variable and Feature Selection". In: *The Journal of Machine Learning Research 3* (März 2003), S. 1157–1182.

[34] Chih-Wei Hsu, Chih-Chung Chang und Chih-Jen Lin. *A Practical Guide to Support Vector Classification*. Techn. Ber. Department of Computer Science, National Taiwan University, 2010. URL: `http://www.csie.ntu.edu.tw/~cjlin/papers/guide/guide.pdf` (besucht am 02.03.2012).

[35] Jarmo Ilonen. *Keystroke dynamics*. 2003. URL: `http://www.it.lut.fi/kurssit/03-04/010970000/seminars/Ilonen.pdf` (besucht am 05.03.2012).

[36] Bundesamt für Sicherheit in der Informationstechnik. *Untersuchung der Leistungsfähigkeit von biometrischen Verifikationssystemen - BioP II*. Version 2.0. 23. Aug. 2005. URL: `https://www.bsi.bund.de/SharedDocs/Downloads/DE/BSI/Publikationen/Studien/BioP/biopabschluss2_pdf.pdf?__blob=publicationFile` (besucht am 29.02.2012).

[37] ISO/IEC 19795-1. „Information technology – Biometric performance testing and reporting – Part 1: Principles and framework". International Standard. Apr. 2006.

[38] ISO/IEC FDIS 19792. „Information technology – Security techniques – Security evaluation of biometrics". International Standard. 2009.

[39] Anil Jain, Lin Hong und Sharath Pankanti. „Biometrics: Promising frontiers for emerging identification market". In: *Comm. ACM* (1999), S. 91–98.

[40] Anil K. Jain. „Biometric Recognition: Overview and Recent Advances". In: *Progress in Pattern Recognition, Image Analysis and Applications*. Hrsg. von Luis Rueda, Domingo Mery und Josef Kittler. Bd. 4756. Lecture Notes in Computer Science. Springer Berlin / Heidelberg, 2007, S. 13–19.

[41] Anil K. Jain und Ajay Kumar. „Biometrics of Next Generation: An Overview". In: *Second Generation Biometrics*. Springer, 2010, im Erscheinen.

[42] Anil K. Jain, Salil Prabhakar und Sharath Pankanti. „Twin Test: On Discriminability of Fingerprints". In: *Audio-and Video-Based Biometric Person Authentication*. Hrsg. von Josef Bigun und Fabrizio Smeraldi. Bd. 2091. Lecture Notes in Computer Science. Springer Berlin / Heidelberg, 2001, S. 211–217.

[43] Anil K. Jain, Arun Ross und Sharath Pankanti. „Biometrics: A Tool for Information Security". In: *IEEE Transactions on Information Forensics and Security* 1.2 (Juni 2006), S. 125–143.

[44] Anil K. Jain, Arun Ross und Salil Prabhakar. „An Introduction to Biometric Recognition". In: *IEEE Transactions on Circuits and Systems for Video Technology* 14.1 (Jan. 2004), S. 4–20.

[45] Andreas G. K. Janecek, Wilfried N. Gansterer, Michael A. Demel und Gerhard F. Ecker. „On the Relationship Between Feature Selection and Classification Accuracy". In: *Journal of Machine Learning Research* 4 (2008), S. 90–105.

[46] Heinz Kaufmann und Heinz Pape. „Clusteranalyse". In: *Multivariate statistische Verfahren*. Hrsg. von Ludwig Fahrmeir, Alfred Hamerle und Gerhard Tutz. 2. Aufl. Walter de Gruyter, 1996. Kap. 9, S. 437–536.

[47] Kevin S. Killourhy und Roy A. Maxion. „Comparing Anomaly-Detection Algorithms for Keystroke Dynamics". In: *IEEE/IFIP International Conference on Dependable Systems & Networks* (2009), S. 125–134.

[48] Ron Kohavi. „A Study of Cross-Validation and Bootstrap for Accuracy Estimation and Model Selection". In: *Proceedings of the 14th international joint conference on Artificial intelligence*. Bd. 2. Morgan Kaufmann Publishers Inc., 1995, S. 1137–1143.

[49] Ludmila I. Kuncheva. *Combining pattern classifiers: methods and algorithms*. Wiley-Interscience, 2004.

[50] Edmond Lau, Xia Liu, Chen Xiao und Xiao Yu. *Enhanced User Authentication Through Keystroke Biometrics*. Techn. Ber. Massachusetts Institute of Technology, 2004.

[51] F. Lotte, M. Congedo, A. Lécuyer, F. Lamarche und B. Arnaldi. „A review of classification algorithms for EEG-based brain-computer interfaces". In: *Journal of Neural Engineering* 4.2 (Juli 2007).

[52] Rodrigo de Luis-García, Carlos Alberola-López, Otman Aghzout und Juan Ruiz-Alzola. „Biometric identification systems". In: *Signal Processing* 83.12 (2003), S. 2539–2557.

[53] Doug Mahar, Ron Henderson, William Laverty und Rene Napier. „The effects of password length and reference profile size on the performance of a multivariate text-dependent typist verification system". In: *Interacting with Computers* 10.4 (1998), S. 375–383.

[54] A. J. Mansfield und J. L. Wayman. *Best Practices in Testing and Reporting Performance of Biometric Devices*. Techn. Ber. NPL Report CMSC 14/02, Version 2.01. Centre for Mathematics und Scientific Computing, National Physical Laboratory, 2002.

[55] Marti A. Hearst. „Support vector machines". In: *IEEE Intelligent Systems* 13.4 (Juli 1998), S. 18–28.

[56] Václav Jr. Matyáš und Zdeněk Řiha. „Toward Reliable User Authentication through Biometrics". In: *IEEE Security and Privacy* 1.3 (Mai 2003), S. 45–49.

[57] Annette M. Molinaro, Richard Simon und Ruth M. Pfeiffer. „Prediction error estimation: a comparison of resampling methods". In: *Bioinformatics* 21.15 (2005), S. 3301–3307.

[58] Fabian Monrose, Michael K. Reiter und Susanne Wetzel. „Password Hardening Based on Keystroke Dynamics". In: *Proceedings of the 6th ACM Conference on Computer and Communications Security*. CCS '99. ACM, 1999, S. 73–82.

[59] Vishvjit S. Nalwa. „Automatic On-Line Signature Verification". In: *Proceedings of the IEEE*. Bd. 85. 2. 1997, S. 215–239.

[60] Veronika Nolde und Lothar Leger. *Biometrische Verfahren*. 1. Aufl. Fachverlag Deutscher Wissenschaftsdienst, 2002.

[61] Nikola Pavešić und Slobodan Ribarić. „Biometric Recognition: An Overview". In: *Identity, Security and Democracy*. Hrsg. von Emilio Mordini und Manfred Green. IOS Press, 2009, S. 43–55.

[62] Allen Peacock, Xian Ke und Matthew Wilkerson. „Typing Patterns: A Key to User Identification". In: *IEEE Security and Privacy* 2.5 (2004), S. 40–47.

[63] Thomas Petermann und Arnold Sauter. *Biometrische Identifikationssysteme*. Techn. Ber. TAB-Arbeitsbericht Nr. 076. Büro für Technikfolgen-Abschätzung beim Deutschen Bundestag, 2002. URL: http : / / www . tab - beim - bundestag . de / de / pdf / publikationen/berichte/TAB-Arbeitsbericht-ab076.pdf (besucht am 06.03.2012).

[64] P. Jonathon Phillips, Alvin Martin, C. L. Wilson und Mark Przybocki. „An Introduction to Evaluating Biometric Systems". In: *Computer* 33.2 (Feb. 2000), S. 56–63.

[65] Salil Prabhakar, Sharath Pankanti und Anil K. Jain. „Biometric Recognition: Security and Privacy Concerns". In: *IEEE Security and Privacy* 1.2 (2003), S. 33–42.

[66] Nalini K. Ratha, Andrew Senior und Ruud M. Bolle. „Automated Biometrics". In: *Advances in Pattern Recognition — ICAPR 2001*. Hrsg. von Sameer Singh, Nabeel Murshed und Walter Kropatsch. Bd. 2013. Lecture Notes in Computer Science. Springer Berlin / Heidelberg, 2001, S. 447–455.

[67] Kenneth Revett. *Behavioral Biometrics: A Remote Access Approach*. 1. Aufl. John Wiley & Sons, 2008.

[68] Arun Ross und Anil Jain. „Information fusion in biometrics". In: *Pattern Recognition Letters* 24.13 (2003), S. 2115–2125.

[69] Stuart J. Russell und Peter Norvig. *Artificial Intelligence: A Modern Approach*. Bd. 2. Pearson Education International, 2003.

[70] Mariusz Rybnik, Piotr Panasiuk und Khalid Saeed. „User Authentication with Keystroke Dynamics using Fixed Text". In: *Proceedings of the 2009 International Conference on Biometrics and Kansei Engineering*. ICBAKE '09. IEEE Computer Society, 2009, S. 70–75.

[71] Mariusz Rybnik, Marek Tabedzki und Khalid Saeed. „A Keystroke Dynamics Based System for User Identification". In: *Proceedings of the 2008 7th Computer Information Systems and Industrial Management Applications*. IEEE Computer Society, 2008, S. 225–230.

[72] Maytal Saar-Tsechansky und Foster Provost. „Handling Missing Values when Applying Classification Models". In: *Journal of Machine Learning Research* 8.1625-1657 (2007).

[73] Bernhard Schölkopf und Alexander J. Smola. *Learning with Kernels: Support Vector Machines, Regularization, Optimization, and Beyond*. 1. Aufl. MIT Press Cambridge, 2002.

[74] D. Shanmugapriya und G. Padmavathi. „A Survey of Biometric keystroke Dynamics: Approaches, Security and Challenges". In: *International Journal of Computer Science and Information Security* 5.1 (2009), S. 115–119.

[75] Yong Sheng, Vir V. Phoha und Steven M. Rovnyak. „A Parallel Decision Tree-Based Method for User Authentication Based on Keystroke Patterns". In: *IEEE Transactions on Systems, Man, and Cybernetics — Part B: Cybernetics* 35.4 (Aug. 2005), S. 826–833.

[76] Susumu Shikano. „Bootstrap und Jackknife". In: *Methoden der Politikwissenschaft*. Hrsg. von Joachim Behnke, Thomas Gschwend, Delia Schindler und Kai-Uwe Schnapp. Nomos, 2006, S. 69–80.

[77] Tomer Shimshon, Robert Moskovitch, Lior Rokach und Yuval Elovici. „Continuous Verification Using Keystroke Dynamics". In: *2010 International Conference on Computational Intelligence and Security*. IEEE Computer Society, 2010, S. 411–415.

[78] Nimalan Solayappan und Shahram Latifi. „A Survey of Unimodal Biometric Methods". In: *Security and Management'06*. 2006, S. 57–63.

[79] R. Spillane. „Keyboard Apparatus for Personal Identification". In: *IBM Technical Disclosure Bulletin* 17.3346 (1975).

[80] Dr. Ernst Stahl, Thomas Krabichler, Markus Breitschaft und Georg Wittmann. *E-Commerce-Leitfaden*. 2. Aufl. Universitätsverlag Regensburg, 2009.

[81] Ki seok Sung und Sungzoon Cho. „GA SVM Wrapper Ensemble for Keystroke Dynamics Authentication". In: *Advances in Biometrics*. Hrsg. von David Zhang und Anil Jain. Bd. 3832. Lecture Notes in Computer Science. Springer Berlin / Heidelberg, 2005, S. 654–660.

[82] Pin Shen Teh, Andrew Beng Jin Teoh, Thian Song Ong und Han Foon Neo. „Statistical Fusion Approach on Keystroke Dynamics". In: *Proceedings of the 2007 Third International IEEE Conference on Signal-*

Image Technologies and Internet-Based System. IEEE Computer Society, 2007, S. 918–923.

[83] Dr. Markus Wagenhofer, Andreas Beer, Sebastian Erdenreich und Johann Schenkl. „Kreuzweiser Abgleich von Tippverhaltensdaten zur Authentifizierung und/oder Identifizierung einer Person". Patentanmeldung DE 10 2009 044 173.5 (Deutschland). 7. Apr. 2011. URL: `http://register.dpma.de/DPMAregister/pat/register?AKZ=1020090441735`.

[84] Dr. Markus Wagenhofer, Andreas Beer, Sebastian Erdenreich und Johann Schenkl. „Verfahren und Vorrichtung zur Vermeidung von Manipulationen bei Authentifizierungs- und/oder Identifizierungssystemen mittels Tippverhaltens". Patentanmeldung DE 10 2009 044 455.6 (Deutschland). 12. Mai 2011. URL: `http://register.dpma.de/DPMAregister/pat/register?AKZ=1020090444556`.

[85] James Wayman, Anil Jain, Davide Maltoni und Dario Maio. „An Introduction to Biometric Authentication Systems". In: *Biometric Systems: Technology, Design and Performance Evaluation.* Hrsg. von James Wayman, Anil Jain, Davide Maltoni und Dario Maio. Springer-Verlag London, 2005. Kap. 1, S. 1–20.

[86] Ian H. Witten und Eibe Frank. *Data Mining: Practical Machine Learning Tools and Techniques.* 2. Aufl. Morgan Kaufmann, 2005.

[87] Roman V. Yampolskiy und Venu Govindaraju. „Behavioural biometrics: a survey and classification". In: *International Journal of Biometrics* 1.1 (2008), S. 81–113.

[88] Roman. V. Yampolskiy und Venu Govindaraju. „Taxonomy of Behavioural Biometrics". In: *Behavioral Biometrics for Human Identification: Intelligent Applications.* Hrsg. von Liang Wang und Xin Geng. IGI Global, 2010. Kap. 1, S. 1–43.

[89] Enzhe Yu und Sungzoon Cho. „Keystroke dynamics identity verification–its problems and practical solutions". In: *Computers & Security* 23.5 (2004), S. 428–440.

[90] Yang C. Yuan. „Multiple Imputation for Missing Data : Concepts and New Development". In: *Proceedings of the twentyfifth annual SAS® Users group international conference* (2000), S. 1–11.